KB082780

NEW 참 쉬운 중국어

1

맛있는 books

NEW 참 쉬운 중국어 ❶

제1판 1쇄 발행 2015년 11월 5일
제2판 1쇄 인쇄 2023년 4월 1일
제2판 2쇄 발행 2024년 8월 30일

저자 JRC 중국어연구소
발행인 김효정
발행처 맛있는books
등록번호 제2006-000273호

주소 서울시 서초구 명달로 54 JRC빌딩 7층
전화 구입문의 02·567·3861 | 02·567·3837
내용문의 02·567·3860
팩스 02·567·2471
홈페이지 www.booksJRC.com

ISBN 979-11-6148-072-5 14720
979-11-6148-071-8 (세트)
정가 16,500원

머리말

모국어가 아닌 외국어를 배운다는 것은 참으로 쉽지 않은 일입니다.
특히나 외국어를 배워서 그 나라 사람과 자연스럽게 교류하고 자신의 생각을 정확히 전달하는 것은 더더욱 어렵습니다.
외국어를 배우는 일은 매우 흥미로운 동시에 어려운 과정입니다.
머리가 노랗고 눈이 파란 여자아이가 중국어를 유창하게 말하는 모습을 상상해 보세요. 참으로 신기한 생각이 들면서, 어떻게 중국어를 이렇게 잘할 수 있을까? 하는 의문을 갖게 되지요.

언어 학습은 어떻게 해야 효과적일까요?
같은 한자 문화권에 있으면서도 우리는 왜 중국어가 어렵게만 느껴지는 것일까요?
다년간 여러 책을 학습했음에도 불구하고 왜 말이 나오지 않는 것일까요?
중요한 것은 자신이 어떤 자세, 어떤 방식으로 언어를 학습하느냐에 달려 있습니다.
일단 중국어에 대한 고정 관념을 깨야 합니다. 중국어가 어렵다고 생각하기보다 '중국어는 재미있다'라는 긍정적인 마음으로 학습에 몰두하기 바랍니다. 10권의 책을 한 번 보는 것보다 1권의 좋은 책을 10번 보는 것이 언어 학습에 훨씬 효과적입니다. 그만큼 언어 학습은 반복이 중요합니다.

이런 맥락에서 『참 쉬운 중국어』를 출간했습니다.
어렵고 방대한 내용을 담은 교재보다 가능한 간결하고 꼭 필요한 생활 회화를 담았고, 학습 내용을 충분히 반복해 자기 것으로 소화하고 연습할 수 있도록 구성했습니다. 10번이든 20번이든 자연스럽게 입으로 나올 수 있을 때까지 많이 반복해 듣고 말하기를 바랍니다. 언어 학습에 특별한 지름길이 있다고 생각되지는 않습니다. 꾸준한 노력과 흥미를 가지고 용감하게 말해 보세요!
『참 쉬운 중국어』가 여러분의 중국어 학습에 좋은 길잡이가 되기를 바라며, 이 교재가 출간되기까지 애써준 맛있는북스 직원들에게 심심한 감사의 뜻을 전합니다.

JRC 중국어연구소 金孝貞

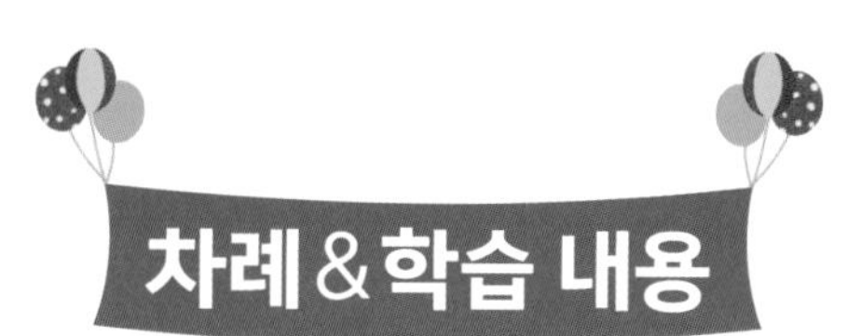

차례&학습 내용

NEW 참 쉬운 중국어 ❷ 학습 내용

과	단원명	학습 포인트
1	我来介绍一下。 제가 소개를 좀 하겠습니다.	회화 자기소개 하기 어법 一下 / 来 / 位 / 看起来
2	你现在住在哪儿? 당신은 지금 어디에 사나요?	회화 주거 환경 말하기 / 선택 표현 어법 동사+在 / 不……也不…… / 有点儿 / 선택의문문
3	你看过这部电影吗? 당신은 이 영화를 본 적 있나요?	회화 여가 생활 말하기 / 경험 말하기 어법 过 / 遍
4	昨天我买了两条短裤。 어제 저는 반바지를 두 벌 샀어요.	회화 쇼핑하기 어법 能과 可以 / 어기조사 了(1) / 동태조사 了 / 打算
5	我肚子疼得很厉害。 저는 배가 너무 아파요.	회화 병원 가기 / 증상 말하기 어법 从 / 정도보어 / 동사 중첩
6	我正在打太极拳。 저는 태극권을 하고 있어요.	회화 취미 말하기 / 동작의 진행과 상태 어법 着 / 正在……呢 / 一边……, 一边……
7	去故宫怎么走? 고궁에 어떻게 가나요?	회화 길 묻기 / 교통수단 이용하기 어법 往 / 到 / 离
8	饺子已经煮好了。 만두가 이미 다 삶아졌어요.	회화 신년 인사 / 동작의 결과 표현 어법 결과보어 / 방향보어 / 多
9	老师说的汉语, 你听得懂吗? 선생님이 말하는 중국어, 당신은 알아들을 수 있나요?	회화 수업에 관해 묻기 / 가능 표현 어법 가능보어 / 如果
10	请帮我们照一张, 好吗? 사진 한 장 찍어 주시겠어요?	회화 여행하기 / 비유와 감탄 표현 어법 多……啊 / 好像 / 帮 / ……不了
11	首尔跟北京一样冷吗? 서울은 베이징처럼 춥나요?	회화 날씨 말하기 / 비교 표현 어법 比 / 跟……一样
12	我们一起去上海玩儿吧! 우리 함께 상하이로 놀러 가요!	회화 계획 세우기 어법 어기조사 了(2) / 형용사 중첩 / 快……了

이 책의 구성&활용법

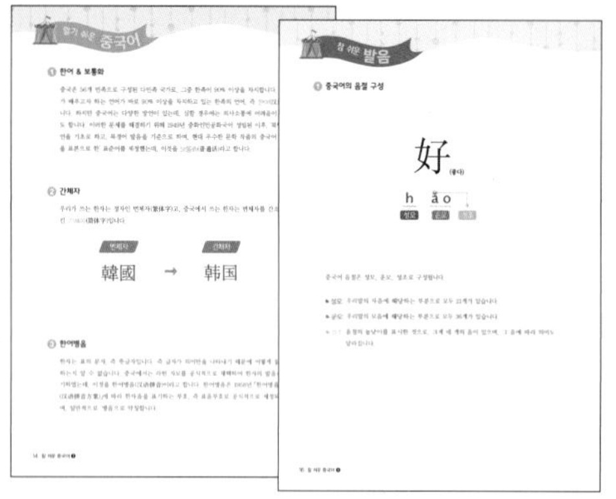

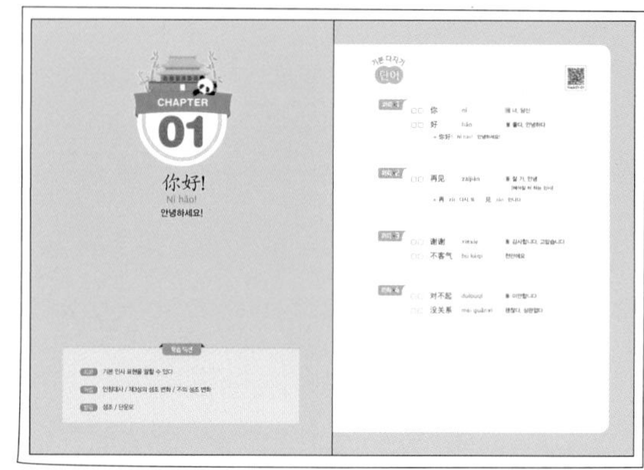

WARMING UP 중국어란?

중국어에 대한 기본 정보를 학습합니다. 성조, 운모, 성모 등 중국어의 음절 요소를 배우며 중국어 발음을 익혀 보세요.

학습 미션

본 과에서 학습할 내용을 미리 확인합니다.

기본 다지기 단어

회화를 배우기 전에 새 단어를 먼저 귀로 들으며 따라 읽어 보세요. 어렵거나 쓰임에 주의해야 할 단어는 □에 따로 표시해 놓고 복습할 때 활용해 보세요.

참 쉬운 회화

일상생활에 많이 쓰이는 의사소통 표현으로 이루어진 간결한 회화를 통해 살아 있는 중국어를 쉽게 학습할 수 있습니다.

· 한 걸음 더 Tip

회화에 제시된 표현을 간략하게 설명해 놓았습니다.

· 중국 속으로!

중국 생활 속 다양한 이야기를 통해 중국을 한층 더 이해할 수 있습니다.

맛있는북스 홈페이지에 로그인한 후 MP3 파일을 다운로드할 수 있어요.

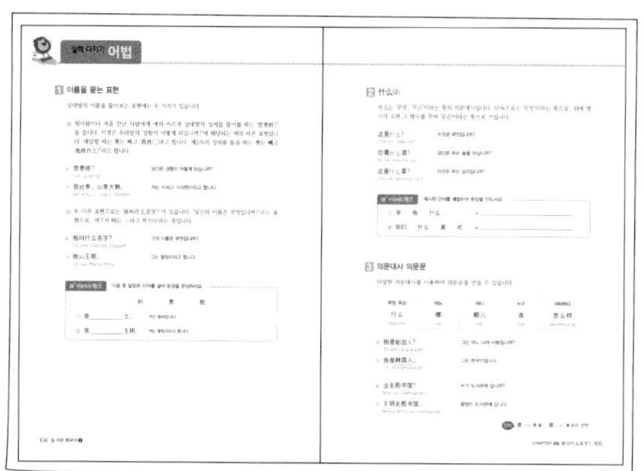

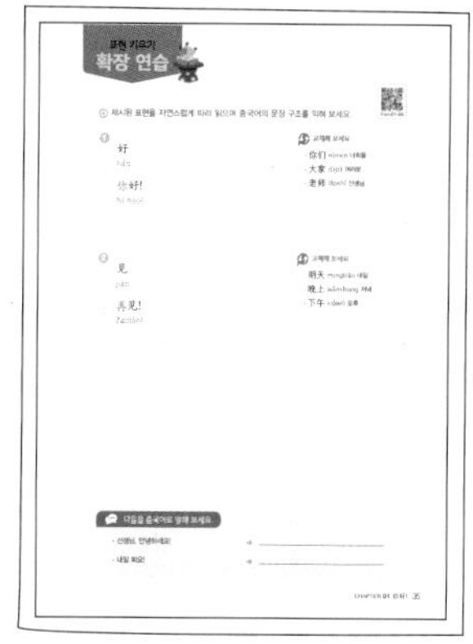

실력 다지기 **어법**

중국어의 핵심 어법이 간결하게 정리되어 있습니다. 쉬운 예문을 통해 이해력을 향상시키고, 학습 내용을 얼마나 이해했는지 「바로바로 체크」로 확인해 보세요.

표현 키우기 **확장 연습**

중국어 문장의 뼈대가 완성되는 과정을 배울 수 있습니다. 단어를 교체하면서 다양한 문장이 입에서 막힘 없이 나올 수 있도록 큰 소리로 읽어 보세요.

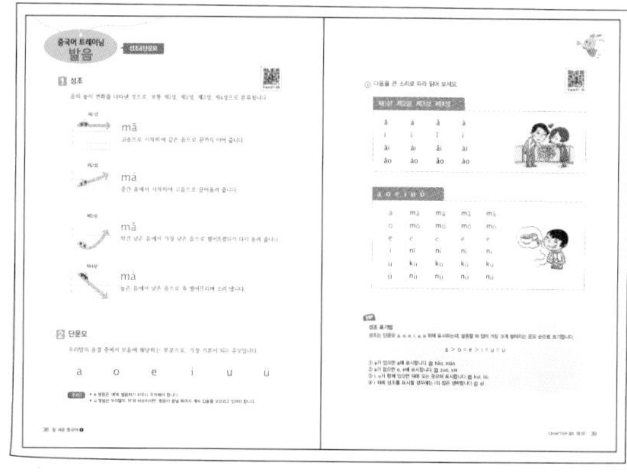

회화 익히기 **그림 보고 말하기**

제시된 그림을 보고 중국어로 표현해 보세요. 회화에서 익힌 표현을 일상생활에서 자연스럽게 말할 수 있도록 녹음을 들으며 따라 해 보세요.

중국어 트레이닝 **발음**

기본 발음을 학습한 후에 단어로 발음을 연습해 보세요.

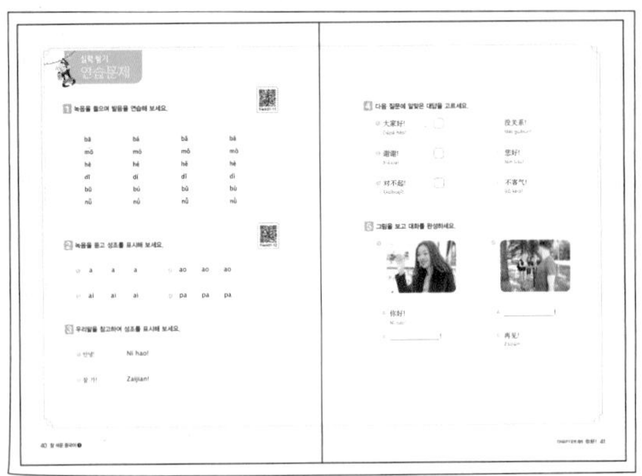

실력 쌓기 **연습문제**

듣기, 읽기, 말하기, 쓰기 영역이 통합된 문제를 통해 학습한 내용을 체크해 보세요.

테마 **활동**

중국 노래, 단어, 잰말놀이, 퍼즐 등 다양한 활동으로 학습한 내용을 자연스럽게 복습하며 중국어와 좀 더 친숙해질 수 있습니다.

★ 노래, 단어, 잰말놀이는 원어민 녹음 파일이 제공되어 쉽게 따라 할 수 있습니다.

사진으로 만나기 **중국 문화**

각 과의 주제와 관련된 중국 문화를 생생한 사진과 함께 느껴 보세요.

찾아보기

병음과 뜻이 제시되어 있어 단어장으로 활용할 수 있습니다.

중국어 제대로 쓰고, 제대로 읽으세요!
중국어를 쓴 후 가볍게 들고 다니면서 암송 노트로 적극적으로 활용해 보세요.

CHAPTER 01 你好!

1 단어 쓰기

你

好

再见

谢谢

不客气

对不起

没关系

단어 쓰기

'중국어-우리말-중국어'로 구성된 녹음을 들으며 회화에 나오는 주요 단어를 쉽게 외워 보세요.

2 회화 쓰기

大韩 你好! Nǐ hǎo!

小美 你好! Nǐ hǎo!

大韩 再见! Zàijiàn!

小美 再见! Zàijiàn!

다음을 중국어로 말해 보세요.

대한 안녕!
사오메이 안녕!
대한 잘 가!
사오메이 잘 가!

회화 쓰기

녹음을 들으며 성조를 표시하고, 큰 소리로 읽으며 중국어 회화를 따라 써보세요.
자신의 입으로 큰 소리로 반복해서 읽으며 중국어 문장을 자연스럽게 익힌 후, 우리말 문장을 보며 말해 보세요.

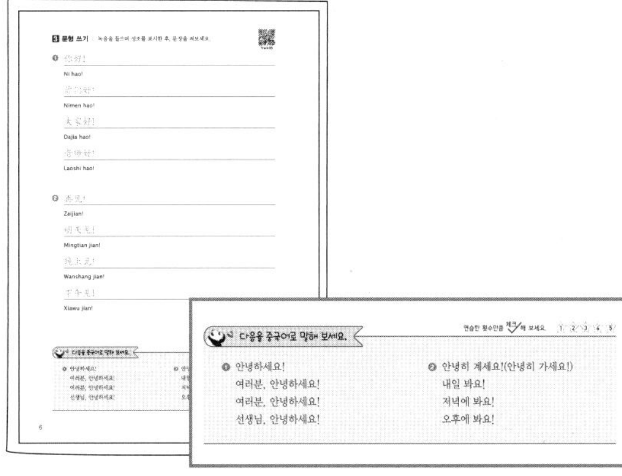
3 문형 쓰기

❶ 你好! Nǐ hǎo!
你们好! Nǐmen hǎo!
大家好! Dàjiā hǎo!
老师好! Lǎoshī hǎo!

❷ 再见! Zàijiàn!
明天见! Míngtiān jiàn!
晚上见! Wǎnshang jiàn!
下午见! Xiàwǔ jiàn!

다음을 중국어로 말해 보세요.

❶ 안녕하세요!
여러분, 안녕하세요!
여러분, 안녕하세요!
선생님, 안녕하세요!

❷ 안녕히 계세요!(안녕히 가세요!)
내일 봐요!
저녁에 봐요!
오후에 봐요!

문형 쓰기

녹음을 들으며 성조를 표시하고, 큰 소리로 읽으며 주요 문형을 따라 써보세요.
'중국어-우리말-중국어'로 구성된 녹음을 들으며 문형을 쉽게 외워 보세요.

일러두기

★ 품사 약어표

품사명	약어	품사명	약어	품사명	약어
명사	명	고유명사	고유	조동사	조동
동사	동	인칭대사	대	접속사	접
형용사	형	의문대사	대	감탄사	감탄
부사	부	지시대사	대	접두사	접두
수사	수	어기조사	조	접미사	접미
양사	양	동태조사	조		
개사	개	구조조사	조		

★ 고유명사 표기

중국의 지명, 기관 등의 명칭은 중국어 발음을 우리말로 표기하는 것을 원칙으로 하되, 우리에게 한자 독음으로 잘 알려진 고유명사는 한자 독음으로 표기했습니다. 인명은 각 나라에서 실제로 읽히는 발음을 우리말로 표기했습니다.

예 北京 Běijīng 베이징　长城 Chángchéng 만리장성　王明 Wáng Míng 왕밍　安娜 Ānnà 안나

• 중국인, 선생님, 30대

• 한국인, 베이징에서 중국어를 배우는 학생, 20대

• 중국인, 학생, 20대

• 미국인, 대한이의 룸메이트, 20대

• 미국인, 학생, 20대

학습 미션

- 간체자, 한어병음 등 중국어 기초 정보를 이해할 수 있다
- 중국어의 음절 구성을 이해할 수 있다
- 성조, 운모, 성모를 발음할 수 있다

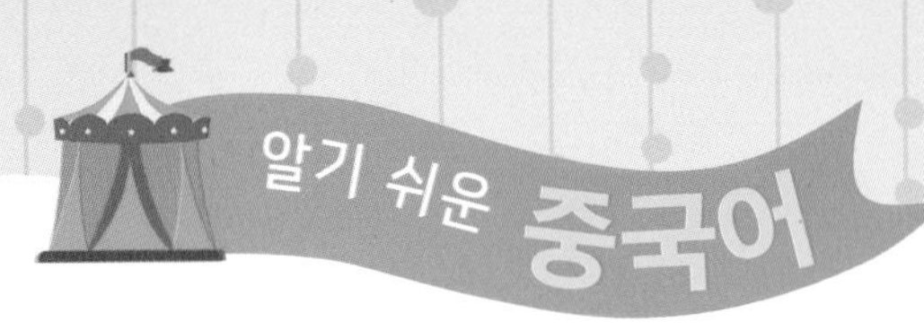

1 한어 & 보통화

중국은 56개 민족으로 구성된 다민족 국가로, 그중 한족이 90% 이상을 차지합니다. 우리가 배우고자 하는 언어가 바로 90% 이상을 차지하고 있는 한족의 언어, 즉 한어(汉语)입니다. 하지만 중국어는 다양한 방언이 있는데, 심할 경우에는 의사소통에 어려움이 있기도 합니다. 이러한 문제를 해결하기 위해 1949년 중화인민공화국이 성립된 이후, '북방 방언을 기초로 하고, 북경어 발음을 기준으로 하며, 현대 우수한 문학 작품의 중국어 문법을 표본으로 한' 표준어를 제정했는데, 이것을 보통화(普通话)라고 합니다.

2 간체자

우리가 쓰는 한자는 정자인 번체자(繁体字)고, 중국에서 쓰는 한자는 번체자를 간소화시킨 간체자(简体字)입니다.

번체자		간체자
韓國	→	韩国

3 한어병음

한자는 표의 문자, 즉 뜻글자입니다. 즉 글자가 의미만을 나타내기 때문에 어떻게 읽어야 하는지 알 수 없습니다. 중국에서는 라틴 자모를 공식적으로 채택하여 한자의 발음을 표기하였는데, 이것을 한어병음(汉语拼音)이라고 합니다. 한어병음은 1958년 「한어병음방안(汉语拼音方案)」에 따라 한자음을 표기하는 부호, 즉 표음부호로 공식적으로 제정되었으며, 일반적으로 '병음'으로 약칭합니다.

④ 중국어의 특징

• 중국어는 성조가 있습니다.

성조(声调)란 소리의 높낮이를 뜻합니다. 기본적으로 제1성(—), 제2성(／), 제3성(∨), 제4성(＼)이 있는데, 발음이 같더라도 성조에 따라 의미가 달라지기 때문에 중국어에서 성조는 매우 중요합니다.

• 중국어는 형태 변화가 없습니다.

우리말은 격에 따라 '은(는), 이(가), 을(를)' 등 다양한 조사가 붙고, 영어는 시제와 격에 따라 'go, goes, going, went, gone' 등 형태가 변하지만, 중국어는 인칭이나 시제에 따라 형태가 변하지 않습니다. 대신에 시간을 나타내는 명사, 부사, 조사 등을 붙여 시제 변화를 나타냅니다.

• 중국어는 어순이 우리말과 다릅니다.

중국어의 기본 어순은 '주어+술어+목적어'입니다. 우리에게 익숙한 중국어인 '워 아이 니'는 '나는 당신을 사랑합니다'를 뜻합니다. 하지만 이 말을 어순대로 해석하면 '나는 사랑합니다 당신을'이 됩니다. 즉, 중국어는 술어가 목적어 앞에 옵니다.

• 중국어는 띄어쓰기가 없습니다.

중국어는 우리말과 다르게 띄어쓰기가 없습니다. '나는 당신을 사랑합니다'를 중국어로는 '我爱你'라고 붙여서 씁니다.

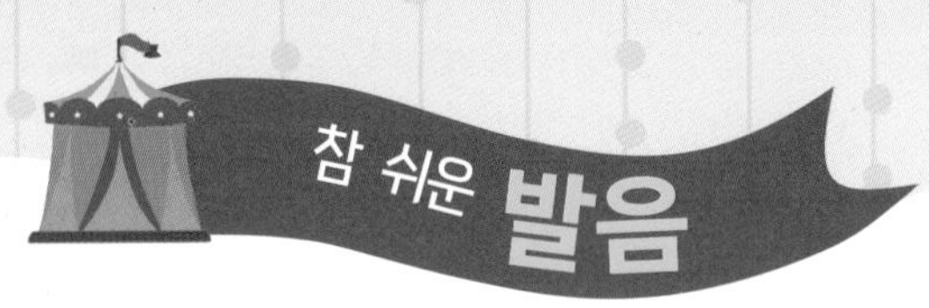

1 중국어의 음절 구성

중국어 음절은 성모, 운모, 성조로 구성됩니다.

★성모: 우리말의 자음에 해당하는 부분으로 모두 21개가 있습니다.

★운모: 우리말의 모음에 해당하는 부분으로 모두 36개가 있습니다.

★성조: 음절의 높낮이를 표시한 것으로, 크게 네 개의 음이 있으며, 그 음에 따라 의미도 달라집니다.

② 성조

음의 높이 변화를 나타냅니다. 보통화의 성조는 크게 제1성, 제2성, 제3성, 제4성으로 분류되는데, 같은 발음이라도 성조가 다르면 뜻이 달라지므로 성조에 주의해야 합니다.

제1성

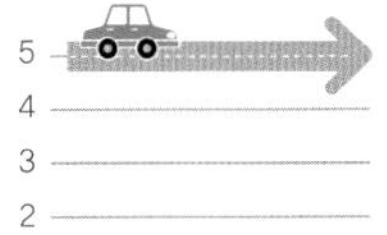

동요 '산토끼 토끼야~'에서 '산' 정도의 음에 해당합니다. 고음으로 시작하여 같은 음으로 끝까지 이어 줍니다.

제2성

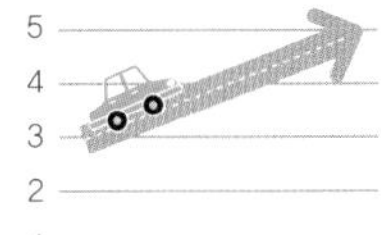

'왜?'라고 물어보듯, 중간 음에서 시작하여 고음으로 끌어올려 줍니다.

제3성

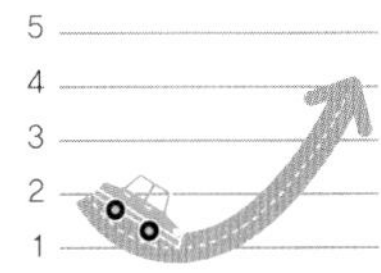

뭔가를 듣고 이해한 후 '네~에, 그렇군요!'라고 할 때, '네~에' 정도의 음에 해당합니다. 약간 낮은 음에서 가장 낮은 음으로 떨어뜨렸다가 다시 올려 줍니다.

제4성

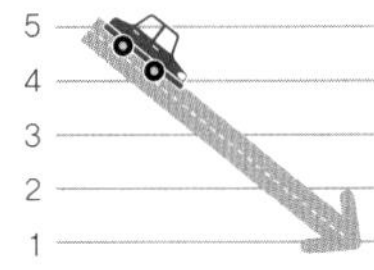

누군가에게 맞았을 때 '아' 하고 소리 내듯, 높은 음에서 낮은 음으로 뚝 떨어뜨리며 소리 냅니다.

경성

본래의 성조가 변하여 가볍고 짧게 발음되는 경우가 있는데, 이를 '경성'이라고 합니다. 경성은 별도로 성조 표기를 하지 않습니다.

③ 운모

우리말의 음절 중에서 모음(ㅏ, ㅣ, ㅗ 등)에 해당하는 부분으로, 총 36개가 있습니다. 발음 부위와 방법에 따라 단운모, 복운모, 비운모, 권설운모, 결합운모로 구분됩니다.

★ 단운모: 가장 기본이 되는 운모입니다.

a 아	입은 크게 벌리고 혀는 밑으로 두고, 우리말의 '아'처럼 발음합니다.
o 오~어	입은 반쯤 벌리고 혀는 중간 높이에 두고, 우리말의 '오~어'처럼 발음합니다.
e 으~어	입은 반쯤 벌리고 혀는 중간 높이에 두고, 우리말의 '으~어'처럼 발음합니다.
i 이	입을 좌우로 당기고, 우리말의 '이'처럼 발음합니다.
u 우	입은 작게 벌리고 입술은 동글게 오므리면서, 우리말의 '우'처럼 발음합니다.
ü 위	i 발음을 하면서 입술을 동그랗게 오므리면 ü 발음이 됩니다. 우리말의 '위'와 흡사하나, 발음이 끝날 때까지 계속 입술을 오므리고 있어야 합니다.

* 이해를 돕기 위해 가장 근접한 발음을 우리말로 표기했으나, 실제 발음과 차이가 있을 수 있습니다.

★ 복운모: 두 개의 운모로 이루어진 운모 → ai, ei, ao, ou

★ 비운모: 콧소리가 들어가는 특징을 갖는 운모 → an, en, ang, eng, ong

★ 권설운모: 혀끝을 살짝 말아 발음하는 운모 → er

[a로 시작하는 운모]

ai	[아~이]	a의 발음 위치에서 자연스럽게 i로 이동합니다. 우리말의 '아~이'처럼 발음하되, 앞의 a는 길고 강하게, 뒤의 i는 가볍고 짧게 발음합니다.
ao	[아~오]	a의 발음 위치에서 자연스럽게 o로 이동하는데, o는 '오'로 발음하여, 우리말의 '아~오'처럼 발음합니다.
an	[안]	먼저 a를 발음하다가 콧소리인 n을 붙여 우리말의 '안'처럼 발음합니다.
ang	[앙]	먼저 a를 발음하다가 콧소리인 ng을 붙여 우리말의 '앙'처럼 발음합니다.

[o로 시작하는 운모]

ou	[오~우]	먼저 o에 강세를 두어 발음하다가 뒤에 u를 가볍게 붙여, 우리말의 '오~우'처럼 발음합니다.
ong	[옹]	먼저 o를 발음하다가 콧소리인 ng을 붙여 우리말의 '옹'처럼 발음합니다.

[e로 시작하는 운모]

ei	[에~이]	e 뒤에 다른 운모가 있으면 e는 우리말의 '에'로 발음합니다. ei는 앞의 e는 길고 강하게, 뒤의 i는 가볍게 발음하여, 우리말의 '에~이'처럼 발음합니다.
en	[으언]	e 뒤에 n 혹은 ng이 오게 되면, 우리말의 '어'로 발음합니다. en은 우리말의 '으언'처럼 발음합니다.
eng	[으엉]	우리말의 '으엉'처럼 발음합니다.
er	[얼]	혀끝을 살짝 말아 우리말의 '얼'처럼 발음합니다.

④ 성모

Track00-04

우리말의 음절 중에서 자음(ㄱ, ㄴ, ㄷ 등)에 해당하는 부분으로, 총 21개로 이루어져 있습니다. 발음 시 성모만으로는 소리 낼 수 없고, 운모를 붙여 소리를 냅니다.

★ 쌍순음: 아랫입술과 윗입술을 붙였다 떼면서 내는 소리로, o 운모를 붙여 읽습니다.

b(o)	[뽀~어]	우리말의 'ㅃ' 혹은 'ㅂ'처럼 발음합니다.
p(o)	[포~어]	b와 발음 방법은 같으나, 입김을 강하게 내보내며 우리말의 'ㅍ'처럼 발음합니다.
m(o)	[모~어]	b와 발음 방법은 같으나, 입김을 코로 내보내며 우리말의 'ㅁ'처럼 발음합니다.

★ 순치음: 아랫입술 안쪽을 윗니에 살짝 댔다 떼며 내는 소리로, o 운모를 붙여 읽습니다.

f(o)	[포~어]	윗니로 아랫입술을 살짝 물듯이 하며 영어의 'f'처럼 발음합니다.

★ 설첨음: 혀를 윗잇몸 안쪽에 댔다 떼면서 내는 소리로, e 운모를 붙여 읽습니다.

d(e)	[뜨~어]	우리말의 'ㄸ' 혹은 'ㄷ'처럼 발음합니다.
t(e)	[트~어]	d와 발음 방법은 같으나, 입김을 강하게 내보내며 우리말의 'ㅌ'처럼 발음합니다.
n(e)	[느~어]	d와 발음 방법은 같으나, 입김을 코로 내보내며 우리말의 'ㄴ'처럼 발음합니다.
l(e)	[르~어]	d와 발음 방법은 같으나, 입김을 혀의 양측으로 내보내며 우리말의 'ㄹ'처럼 발음합니다.

★ 설근음: 혀뿌리로 목구멍을 막았다가 떼면서 내는 소리로, e 운모를 붙여 읽습니다.

g(e)	[끄~어]	혀뿌리로 목구멍을 막았다가 떼면서 우리말의 'ㄲ' 혹은 'ㄱ'처럼 발음합니다.
k(e)	[크~어]	g와 발음 방법은 같으나, 입김을 강하게 내보내며 우리말의 'ㅋ'처럼 발음합니다.
h(e)	[흐~어]	추운 겨울 손을 녹이기 위해 '호~' 하고 소리 낼 때의 'ㅎ'처럼 발음합니다.

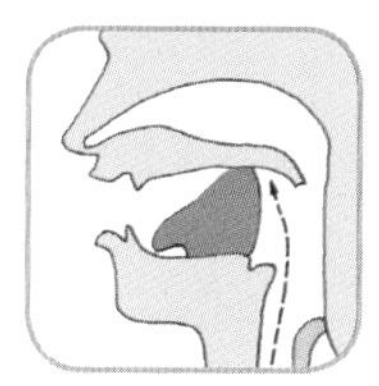

〈설근음 발음 방법〉

★ 설면음: 입을 옆으로 벌리고 혀를 넓게 펴서 내는 소리로, i 운모를 붙여 읽습니다.

j(i)	[지]	혀를 넓게 펴고 입을 옆으로 넓게 벌려 우리말의 'ㅈ'처럼 발음합니다.
q(i)	[치]	j와 발음 방법은 같으나, 입김을 강하게 내면서 우리말의 'ㅊ'처럼 발음합니다.
x(i)	[시]	j와 발음 방법은 같으나, 공기를 마찰시켜 우리말의 'ㅅ'처럼 발음합니다.

★ 권설음: 혀끝을 말아 입천장에 닿을 듯 말 듯하게 하고, 그 사이로 공기를 내보내면서 내는 소리로, i 운모를 붙여 읽습니다. 단, 이때 i는 우리말의 '으'처럼 발음합니다.

zh(i)	[즈]	혀끝을 말아 입천장에 닿을 듯 말 듯하게 하고, 그 사이로 공기를 마찰시켜 발음합니다.
ch(i)	[츠]	zh와 발음 방법은 같으나, 입김을 강하게 내뿜으며 발음합니다.
sh(i)	[스]	zh와 발음 방법은 같으나, 공기를 마찰시켜 발음합니다.
r(i)	[르]	혀끝을 더 뒤쪽으로 말아 올려 입천장 쪽으로 가까이하여 발음합니다.

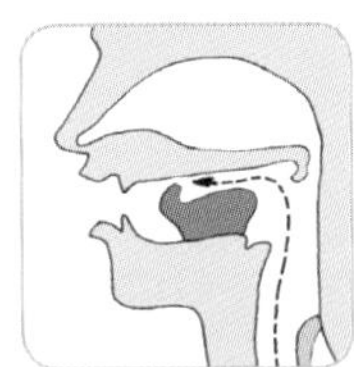
〈권설음 발음 방법〉

★ 설치음: 혀끝을 앞니의 뒷면에 붙였다 떼면서 내는 소리로, i 운모를 붙여 읽습니다. 단, 이때 i는 우리말의 '으'처럼 발음합니다.

z(i)	[쯔]	'쯧쯧' 하고 혀를 찰 때 내는 'ㅉ'처럼 발음합니다.
c(i)	[츠]	z와 발음 방법은 같으나, 입김을 강하게 내뿜으며 우리말의 'ㅊ'처럼 발음합니다.
s(i)	[쓰]	z와 발음 방법은 같으나, 공기를 마찰시켜 우리말의 'ㅆ'처럼 발음합니다.

i 발음 주의 사항

성모 zh, ch, sh, r, z, c, s와 결합할 경우, 운모 i는 우리말의 '으'처럼 발음합니다.

❺ 결합운모

★ i 결합운모: i 뒤에 다른 운모가 결합되어 만들어진 운모로, i가 성모 없이 단독으로 쓰일 때는 yi로 표기합니다.

Track00-05

i 결합운모	성모 없이 단독으로 쓰일 경우	발음 요령
ia [이야]	ya	우리말의 '이야'처럼 발음합니다.
ie [이예]	ye	우리말의 '이예'처럼 발음합니다.
iao [이야오]	yao	우리말의 '이야오'처럼 발음합니다.
iou [이여우]	you	우리말의 '이여우'처럼 발음합니다.
ian [이얜]	yan	우리말의 '이얜'처럼 발음합니다.
iang [이양]	yang	우리말의 '이양'처럼 발음합니다.
iong [이용]	yong	우리말의 '이용'처럼 발음합니다.
in [인]	yin	우리말의 '인'처럼 발음합니다.
ing [잉]	ying	우리말의 '잉'처럼 발음합니다.

i 결합운모 표기 & 발음 방법

❶ i로 시작되는 음절은 i를 y로 바꾸어 표기합니다.
예 ia → ya　iao → yao　ie → ye　iong → yong

❷ 음절 중 i만 있으면 i를 yi로 바꾸어 표기합니다.
예 i → yi　in → yin　ing → ying

❸ iou가 성모와 결합할 때는 o를 생략해 iu로 표기하며, o는 약하게 발음합니다.
예 j+iou → jiu　n+iou → niu

★u 결합운모: u 뒤에 다른 운모가 결합되어 만들어진 운모로, u가 성모 없이 단독으로 쓰일 때는 wu로 표기합니다.

u 결합운모	성모 없이 단독으로 쓰일 경우	발음 요령
ua [우와]	wa	우리말의 '우와'처럼 발음합니다.
uo [우워]	wo	우리말의 '우워'처럼 발음합니다.
uai [우와이]	wai	우리말의 '우와이'처럼 발음합니다.
uan [우완]	wan	우리말의 '우완'처럼 발음합니다.
uang [우왕]	wang	우리말의 '우왕'처럼 발음합니다.
uei [우웨이]	wei	우리말의 '우웨이'처럼 발음합니다.
uen [우원]	wen	우리말의 '우원'처럼 발음합니다.
ueng [우웡]	weng	우리말의 '우웡'처럼 발음합니다.

u 결합운모 표기 & 발음 방법

❶ u로 시작되는 음절은 u를 w로 바꾸어 표기합니다.
예 ua → wa　　uo → wo　　uan → wan　　uen → wen

❷ 음절 중 u만 있으면 u를 wu로 바꾸어 표기합니다.
예 u → wu

❸ uei, uen이 성모와 결합할 때는 e를 생략해 ui, un으로 표기하며, e는 약하게 발음합니다.
예 d+uei → dui　　t+uen → tun

★ ü 결합운모: ü 뒤에 다른 운모가 결합되어 만들어진 운모로, ü가 성모 없이 단독으로 쓰일 때는 yu로 표기합니다.

Track00-07

ü 결합운모	성모 없이 단독으로 쓰일 경우	발음 요령
üe [위에]	yue	우리말의 '위예'와 비슷하나, '위'를 발음할 때 입술 모양을 바꾸어서는 안 됩니다.
üan [위앤]	yuan	우리말의 '위앤'과 비슷하나, '위'를 발음할 때 입술 모양을 바꾸어서는 안 됩니다.
ün [윈]	yun	우리말의 '윈'과 비슷하나, '위'를 발음할 때 입술 모양을 바꾸어서는 안 됩니다.

ü 결합운모 표기법

❶ ü로 시작되는 음절은 ü를 yu로 바꾸어 표기합니다.
예 ü → yu　　üe → yue　　üan → yuan　　ün → yun

❷ 성모 j, q, x와 운모 ü가 결합할 경우에는 ü의 두 점을 떼어 버리고 u로 표기합니다.
예 jü → ju　　qüe → que　　xüan → xuan

❻ 성조 및 한어병음 표기법

성조 표기법

성조는 제1성(—), 제2성(╱), 제3성(∨), 제4성(╲)으로 나타냅니다. 성조는 단운모 a, o, e, i, u, ü 위에 표시하는데, 발음할 때 입이 가장 크게 벌어지는 운모 순으로 표기합니다.

a > o = e > i = u = ü

❶ a가 있으면 a에 표시합니다. 예 hǎo, nián

❷ a가 없으면 o, e에 표시합니다. 예 zuò, xiè

❸ i, u가 함께 있으면 뒤에 오는 운모에 표시합니다. 예 huí, liù

❹ i 위에 성조 부호를 표시할 경우에는 i의 점은 생략합니다. 예 qǐ

❺ 경성은 별도로 성조 표기를 하지 않습니다. 예 bàba, māma

한어병음 표기법

❶ 한어병음은 알파벳 소문자로 표기합니다.

예 大 dà 크다 小 xiǎo 작다

❷ 하나의 단어는 붙여서 표기합니다.

예 咖啡 kāfēi 커피 面包 miànbāo 빵

❸ 문장의 첫음절이나, 고유명사의 첫음절은 알파벳 대문자로 표기합니다.

예 你好! Nǐ hǎo! 안녕! 中国 Zhōngguó 중국

❹ 인명은 성과 이름을 띄어 쓰고, 각각의 첫음절은 대문자로 표기합니다.

예 王明 Wáng Míng 왕밍 李大韩 Lǐ Dàhán 이대한

❺ a, o, e로 시작하는 음절이 다른 음절 뒤에 바로 연결될 때, 음절의 경계가 모호해져 혼란을 일으키기 쉬우므로, 격음부호로 분리시킵니다.

예 天安门 Tiān'ānmén 톈안먼 女儿 nǚ'ér 딸

실력 쌓기

연습문제

1 녹음을 듣고 큰 소리로 읽어 보세요.

❶ ba mo he zhi si wu nü ju

❷ yuan weng jiu dui xuan shu tong rang

❸ gai dou zun xiong huo wai duan que

2 녹음을 듣고 해당하는 발음을 고르세요.

❶ qi ( ) xi ( ) ❷ le ( ) re ( )

❸ zhang ( ) chang ( ) ❹ zao ( ) cao ( )

Track00-10

3 녹음을 듣고 운모와 성조를 표시해 보세요.

❶ f ❷ p ng ❸ h ng ❹ y u

❺ b ng ❻ x ❼ y ❽ di n

4 다음 발음을 큰 소리로 읽어 보세요.

❶ kā + fēi = kā fēi ❷ dà + xué = dà xué

❸ jiā + yóu = jiā yóu ❹ zài + jiàn = zài jiàn

❺ pí + jiǔ = pí jiǔ ❻ Běi + jīng = Běi jīng

운모 성모	a	o	e	-i	er	ai	ei	ao	ou	an	en	ang	eng	ong	i	ia	iao	ie
b	ba	bo				bai	bei	bao		ban	ben	bang	beng		bi		biao	bie
p	pa	po				pai	pei	pao	pou	pan	pen	pang	peng		pi		piao	pie
m	ma	mo	me			mai	mei	mao	mou	man	men	mang	meng		mi		miao	mie
f	fa	fo					fei		fou	fan	fen	fang	feng					
d	da		de			dai	dei	dao	dou	dan	den	dang	deng	dong	di		diao	die
t	ta		te			tai		tao	tou	tan		tang	teng	tong	ti		tiao	tie
n	na		ne			nai	nei	nao	nou	nan	nen	nang	neng	nong	ni		niao	nie
l	la		le			lai	lei	lao	lou	lan		lang	leng	long	li	lia	liao	lie
z	za		ze	zi		zai	zei	zao	zou	zan	zen	zang	zeng	zong				
c	ca		ce	ci		cai		cao	cou	can	cen	cang	ceng	cong				
s	sa		se	si		sai		sao	sou	san	sen	sang	seng	song				
zh	zha		zhe	zhi		zhai	zhei	zhao	zhou	zhan	zhen	zhang	zheng	zhong				
ch	cha		che	chi		chai		chao	chou	chan	chen	chang	cheng	chong				
sh	sha		she	shi		shai	shei	shao	shou	shan	shen	shang	sheng					
r			re	ri				rao	rou	ran	ren	rang	reng	rong				
j															ji	jia	jiao	jie
q															qi	qia	qiao	qie
x															xi	xia	xiao	xie
g	ga		ge			gai	gei	gao	gou	gan	gen	gang	geng	gong				
k	ka		ke			kai	kei	kao	kou	kan	ken	kang	keng	kong				
h	ha		he			hai	hei	hao	hou	han	hen	hang	heng	hong				
단독 쓰임	a	o	e		er	ai	ei	ao	ou	an	en	ang	eng		yi	ya	yao	ye

iou(iu)	ian	in	iang	ing	iong	u	ua	uo	uai	uei(ui)	uan	uen(un)	uang	ueng	ü	üe	üan	ün
	bian	bin		bing		bu												
	pian	pin		ping		pu												
miu	mian	min		ming		mu												
						fu												
diu	dian			ding		du		duo		dui	duan	dun						
	tian			ting		tu		tuo		tui	tuan	tun						
niu	nian	nin	niang	ning		nu		nuo			nuan				nü	nüe		
liu	lian	lin	liang	ling		lu		luo			luan	lun			lü	lüe		
						zu		zuo		zui	zuan	zun						
						cu		cuo		cui	cuan	cun						
						su		suo		sui	suan	sun						
						zhu	zhua	zhuo	zhuai	zhui	zhuan	zhun	zhuang					
						chu	chua	chuo	chuai	chui	chuan	chun	chuang					
						shu	shua	shuo	shuai	shui	shuan	shun	shuang					
						ru	rua	ruo		rui	ruan	run						
jiu	jian	jin	jiang	jing	jiong										ju	jue	juan	jun
qiu	qian	qin	qiang	qing	qiong										qu	que	quan	qun
xiu	xian	xin	xiang	xing	xiong										xu	xue	xuan	xun
						gu	gua	guo	guai	gui	guan	gun	guang					
						ku	kua	kuo	kuai	kui	kuan	kun	kuang					
						hu	hua	huo	huai	hui	huan	hun	huang					
you	yan	yin	yang	ying	yong	wu	wa	wo	wai	wei	wan	wen	wang	weng	yu	yue	yuan	yun

* 감탄사에 쓰이는 특수한 음절(ng, hng 등)은 생략하였습니다.

你好!

Nǐ hǎo!

안녕하세요!

학습 미션

회화 기본 인사 표현을 말할 수 있다

어법 인칭대사 / 제3성의 성조 변화 / 不의 성조 변화

발음 성조 / 단운모

회화 ★1

- □□ 你 nǐ [대] 너, 당신
- □□ 好 hǎo [형] 좋다, 안녕하다
  - ✚ 你好! Nǐ hǎo! 안녕하세요!

회화 ★2

- □□ 再见 zàijiàn [동] 잘 가, 안녕 [헤어질 때 하는 인사]
  - ✚ 再 zài 다시, 또 | 见 jiàn 만나다

회화 ★3

- □□ 谢谢 xièxie [동] 감사합니다, 고맙습니다
- □□ 不客气 bú kèqi 천만에요

회화 ★4

- □□ 对不起 duìbuqǐ [동] 미안합니다
- □□ 没关系 méi guānxi 괜찮다, 상관없다

참 쉬운 회화

회화 1 만났을 때

Track01-02

Dàhán	Nǐ hǎo!
大韩	你❶好!❷
Xiǎoměi	Nǐ hǎo!
小美	你好!

회화 2 헤어질 때

Track01-03

Dàhán	Zàijiàn!
大韩	再见!
Xiǎoměi	Zàijiàn!
小美	再见!

你好!

'你好!'는 '안녕하세요!'라는 뜻으로, 사람을 만났을 때 시간이나 장소, 신분에 관계없이 항상 쓸 수 있는 인사말입니다. 상대방 역시 '你好!'로 대답합니다.

회화★3 감사할 때

Mǎkè　**Xièxie!**

马克　谢谢!

Xiǎoměi　**Bú kèqi!**

小美　不客气! ③

회화★4 사과할 때

Xiǎoměi　**Duìbuqǐ!**

小美　对不起!

Mǎkè　**Méi guānxi!**

马克　没关系!

중국 속으로!

중국에는 존댓말이 없나요?

중국은 우리나라와 달리 존댓말이 없어요. 나이가 많은 어른에게나 나이가 어린 아이에게 쓰는 표현이 똑같습니다. 그렇다고 존칭어가 전혀 없는 건 아니에요. 일반적으로 '你好!'라고 인사하지만, 자신보다 어른이거나 지위가 높은 사람 또는 비즈니스 관계로 만난 사람에게는 你의 존칭어인 您(nín 당신)을 써서 '您好!'라고 인사합니다.

1 인칭대사

사람을 대신하는 것을 인칭대사라고 합니다.

	단수	복수
1인칭	我 wǒ 나	我们 wǒmen 우리들
2인칭	你 nǐ 너 / 您 nín 당신	你们 nǐmen 너희들, 당신들
3인칭	他 tā 그	他们 tāmen 그들
	她 tā 그녀	她们 tāmen 그녀들
	它 tā 그것	它们 tāmen 그것들

*사물이나 동물을 가리킬 때는 它를 사용합니다.

2 제3성의 성조 변화

❶ 제3성 음절 뒤에 제3성이 연이어 나올 경우에는 앞의 제3성을 **제2성**으로 읽습니다. 하지만 표기상에는 변화가 없습니다.

제3성 ∨ + 제3성 ∨ ➔ 제2성 / + 제3성 ∨

nǐ hǎo → ní hǎo

❷ 제3성 음절 뒤에 제1성, 제2성, 제4성, 경성이 오게 되면 앞의 제3성은 내려가는 부분만 발음이 되고 올라가는 부분은 발음되지 않는데, 이를 **반3성**이라고 합니다.

제3성(∨) + 제1, 2, 4성, 경성 ➔ 반3성(∨) + 제1, 2, 4성, 경성

jiǎndān Měiguó hěn dà nǎinai

3 不의 성조 변화

不는 원래 제4성입니다. 하지만 不 뒤에 제4성이 올 경우에는 **제2성**으로 읽습니다.

bù + 제4성 ➔ bú + 제4성

bù kàn → bú kàn

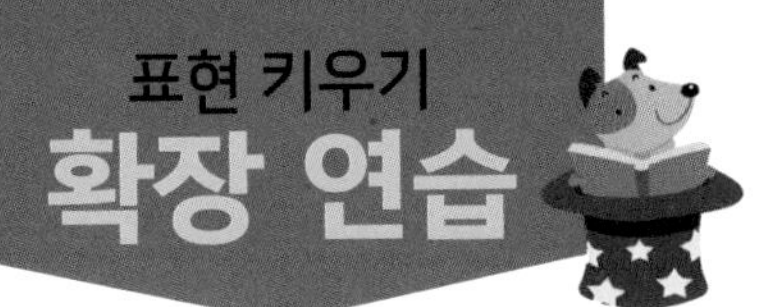

제시된 표현을 자연스럽게 따라 읽으며 중국어의 문장 구조를 익혀 보세요.

1

好
hǎo

你好!
Nǐ hǎo!

교체해 보세요

- 你们 nǐmen 너희들
- 大家 dàjiā 여러분
- 老师 lǎoshī 선생님

2

见
jiàn

再见!
Zàijiàn!

교체해 보세요

- 明天 míngtiān 내일
- 晚上 wǎnshang 저녁
- 下午 xiàwǔ 오후

다음을 중국어로 말해 보세요.

- 선생님, 안녕하세요! → ______________________
- 내일 봐요! → ______________________

 다음 그림 단어를 익힌 후, 〈보기〉와 같이 말해 보세요.

1

보기

你好!
Nǐ hǎo!
안녕하세요!

你 nǐ 너, 당신

❶

______好!
hǎo!

您 nín 당신
*您은 你의 존칭어입니다.

❷

______好!
hǎo!

大家 dàjiā 여러분

❸

______好!
hǎo!

老师 lǎoshī 선생님

2

보기

再见 zàijiàn 잘 가, 안녕

A 再见! 안녕히 계세요!
Zàijiàn!

B 再见! 안녕히 가세요!
Zàijiàn!

❶

谢谢 xièxie
감사합니다, 고맙습니다

A ____________!

B 不客气!
Bú kèqi!

❷

对不起 duìbuqǐ 미안합니다

A ____________!

B 没关系!
Méi guānxi!

❸

明天 míngtiān 내일

A ________见!
jiàn!

B ________见!
jiàn!

중국어 트레이닝 발음

성조&단운모

1 성조

음의 높이 변화를 나타낸 것으로, 보통 제1성, 제2성, 제3성, 제4성으로 분류됩니다.

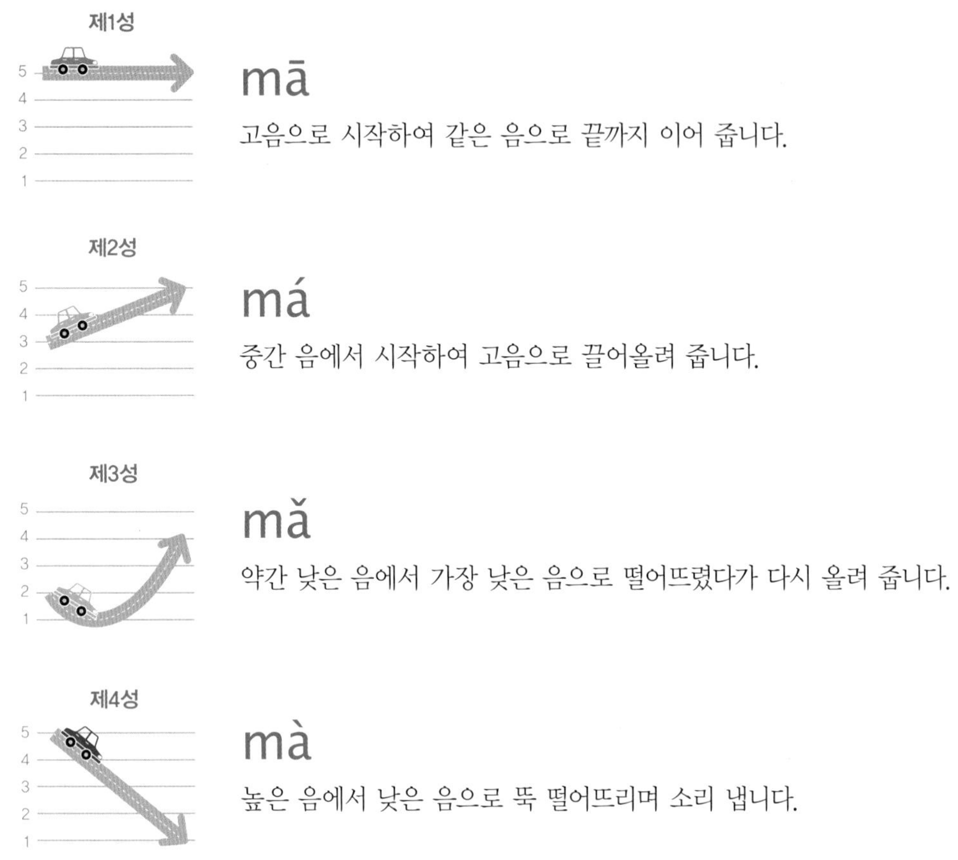

제1성
mā
고음으로 시작하여 같은 음으로 끝까지 이어 줍니다.
제2성
má
중간 음에서 시작하여 고음으로 끌어올려 줍니다.
제3성
mǎ
약간 낮은 음에서 가장 낮은 음으로 떨어뜨렸다가 다시 올려 줍니다.
제4성
mà
높은 음에서 낮은 음으로 뚝 떨어뜨리며 소리 냅니다.

2 단운모

우리말의 음절 중에서 모음에 해당하는 부분으로, 가장 기본이 되는 운모입니다.

a　　o　　e　　i　　u　　ü

주의!
* e 발음은 '에'로 발음하기 쉬우니 주의해야 합니다.
* ü 발음은 우리말의 '위'와 비슷하지만, 발음이 끝날 때까지 계속 입술을 오므리고 있어야 합니다.

⊕ 다음을 큰 소리로 따라 읽어 보세요.

제1성	제2성	제3성	제4성
ā	á	ǎ	à
ī	í	ǐ	ì
āi	ái	ǎi	ài
āo	áo	ǎo	ào

a o e i u ü				
a	mā	má	mǎ	mà
o	mō	mó	mǒ	mò
e	ē	é	ě	è
i	nī	ní	nǐ	nì
u	kū	kú	kǔ	kù
ü	nǖ	nǘ	nǚ	nǜ

성조 표기법

성조는 단운모 a, o, e, i, u, ü 위에 표시하는데, 발음할 때 입이 가장 크게 벌어지는 운모 순으로 표기합니다.

a > o = e > i = u = ü

① a가 있으면 a에 표시합니다. 예 hǎo, nián
② a가 없으면 o, e에 표시합니다. 예 zuò, xiè
③ i, u가 함께 있으면 뒤에 오는 운모에 표시합니다. 예 huí, liù
④ i 위에 성조를 표시할 경우에는 i의 점은 생략합니다. 예 qǐ

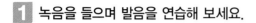

실력 쌓기

연습문제

1 녹음을 들으며 발음을 연습해 보세요.

Track01-11

bā	bá	bǎ	bà
mō	mó	mǒ	mò
hē	hé	hě	hè
dī	dí	dǐ	dì
bū	bú	bǔ	bù
nǖ	nǘ	nǚ	nǜ

2 녹음을 듣고 성조를 표시해 보세요.

Track01-12

❶ a a a ❷ ao ao ao

❸ ai ai ai ❹ pa pa pa

3 우리말을 참고하여 성조를 표시해 보세요.

❶ 안녕! Ni hao!

❷ 잘 가! Zaijian!

4 다음 질문에 알맞은 대답을 고르세요.

❶ 大家好!
Dàjiā hǎo! ☐

❷ 谢谢!
Xièxie! ☐

❸ 对不起!
Duìbuqǐ! ☐

A 没关系!
Méi guānxi!

B 您好!
Nín hǎo!

C 不客气!
Bú kèqi!

5 그림을 보고 대화를 완성하세요.

❶

A 你好!
Nǐ hǎo!

B ________________!

❷

A ________________!

B 再见!
Zàijiàn!

테마 단어

숫자

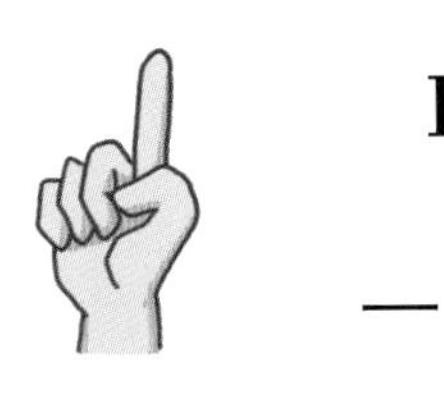

1

一 yī

6

六 liù

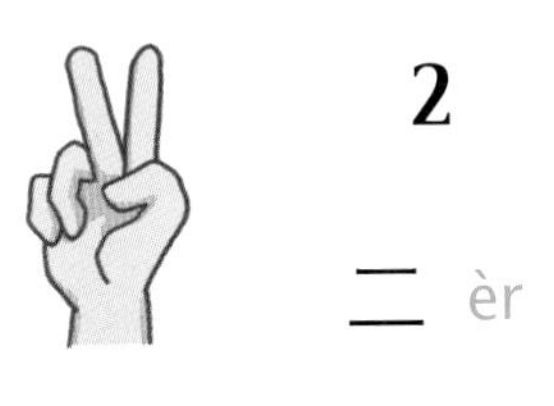

2

二 èr

7

七 qī

3

三 sān

8

八 bā

4

四 sì

9

九 jiǔ

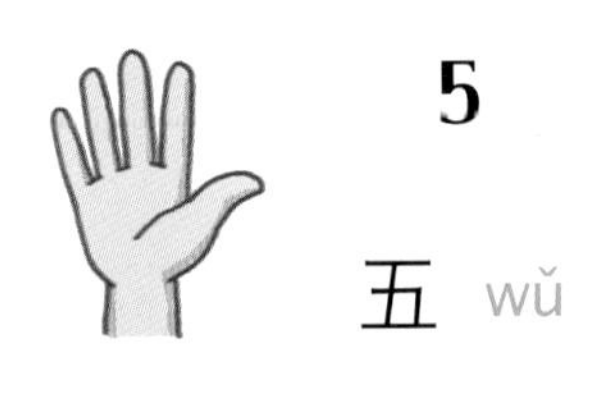

5

五 wǔ

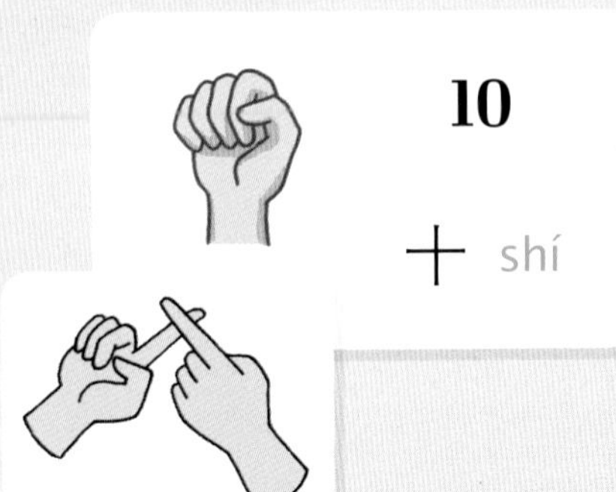

10

十 shí

중국 문화

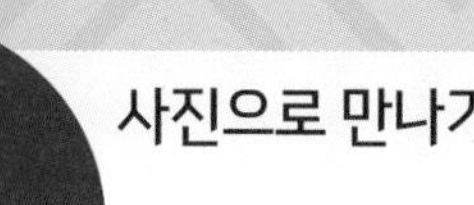

사진으로 만나기

중국의 명칭과 국기

중국의 공식 명칭은 중화인민공화국(中华人民共和国 Zhōnghuá Rénmín Gònghéguó)으로, 우리가 흔히 부르는 중국은 바로 '중화인민공화국'의 약칭입니다.

중국은 3천 년 전인 서주(西周) 시대부터 중국 또는 중화라는 명칭을 사용하기 시작했는데요, 여기서 '중(中)'은 '중앙', '중심'이라는 뜻이고, '화(华)'는 '문화'라는 뜻으로, 중국이 세계의 중심 또는 문화의 중심이라는 의미를 나타냅니다.

중국의 국기는 오성홍기(五星红旗 Wǔxīng Hóngqí)입니다. 오성홍기는 붉은색 바탕에 황색의 다섯 개의 별로 이루어져 있습니다. 붉은색은 혁명을, 황색은 광명(光明)과 황색 인종을 의미합니다. 또한 황색의 큰 별은 중국 공산당을, 네 개의 작은 별은 건국 당시 중국 인민을 구성한 네 계급인 노동자, 농민, 도시소자산계급, 민족자산계급을 의미합니다. 즉, 오성홍기에 있는 다섯 개의 별은 중국 공산당의 지도 아래 대동단결하는 중국인을 나타낸답니다.

중국의 국기 오성홍기(五星红旗)

오성홍기가 펄럭이는 톈안먼

你好吗?

Nǐ hǎo ma?

당신은 잘 지내요?

학습 미션

회화 안부를 묻고 답할 수 있다

어법 형용사술어문 / 呢

발음 복운모 / 비운모 / 권설운모

회화 ★1

□□ 吗 ma 조 ~까?, ~요?
[의문문을 만드는 조사]

□□ 我 wǒ 대 나

+ 我们 wǒmen 우리 | 你 nǐ 너 | 他 tā 그

□□ 很 hěn 부 매우, 아주

□□ 呢 ne 조 ~는요?
[명사(구) 뒤에 쓰여 생략형 의문문을 만드는 조사]

□□ 也 yě 부 ~도

회화 ★2

□□ 忙 máng 형 바쁘다

□□ 不 bù 부 ~하지 않다[부정을 나타냄]

+ 不忙 bù máng 바쁘지 않다

□□ 累 lèi 형 피곤하다

+ 不累 bú lèi 피곤하지 않다

회화 ★1 안부 묻기

Track02-02

Dàhán	Nǐ hǎo ma?
大韩	你好吗?❶
Xiǎoměi	Wǒ hěn hǎo. Nǐ ne?
小美	我很好。 你呢?❷
Dàhán	Wǒ yě hěn hǎo.
大韩	我也很好。

你好吗?

吗는 문장 끝에 놓여 의문문을 만드는 의문의 어기조사입니다.

회화★2 일상생활에 대해

Track02-03

Dàhán Nǐ máng ma?

大韩 你忙吗?

Xiǎoměi Wǒ bù máng.

小美 我不忙。

Dàhán Nǐ lèi ma?

大韩 你累吗?

Xiǎoměi Wǒ bú lèi.

小美 我不累。

중국 속으로!

처음 본 사람에게 '你好吗?'는 안 돼요!

'你好吗?'라는 말을 들어 본 적 있나요? 중국어를 모르는 사람들도 이 표현은 잘 알고 있을 거예요. 그렇다고 처음 만나는 중국인에게 무조건 '你好吗?'라고 인사하면 안 돼요. 왜냐하면 평소 알고 지내는 사람에게 안부를 물어볼 때 쓰는 표현이기 때문이죠. 처음 만나는 사람에게는 '你好!'라고 인사하면 된답니다.

1 형용사술어문

형용사가 술어로 쓰인 문장을 형용사술어문이라고 합니다. 중국어의 형용사는 영어와는 달리 직접 술어가 될 수 있습니다.

긍정문 　 주어 + 형용사

他很忙。 그는 매우 바쁩니다.
Tā hěn máng.

부정문 　 주어 + 不 + 형용사

他不忙。 그는 바쁘지 않습니다.
Tā bù máng.

의문문 　 주어 + 형용사 + 吗?

他忙吗? 그는 바쁩니까?
Tā máng ma?

TIP 1음절 형용사가 술어인 경우 일반적으로 정도부사 很을 함께 씁니다.

2 呢

어기조사 呢는 술어 부분을 다 생략하고 명사 성분 뒤에 바로 붙어 '~는요?'라는 생략형 의문문을 만듭니다. 보통 앞에서 말한 화제를 이어받아 질문할 때 사용합니다.

A 我很忙。你呢? (=你忙吗?) 나는 매우 바빠요. 당신은요?
Wǒ hěn máng. Nǐ ne?

B 我也很忙。 저도 매우 바빠요.
Wǒ yě hěn máng.

표현 키우기
확장 연습

⊕ 제시된 표현을 자연스럽게 따라 읽으며 중국어의 문장 구조를 익혀 보세요.

1

好
hǎo

很好
hěn hǎo

我很好。
Wǒ hěn hǎo.

교체해 보세요
- 累 lèi 피곤하다
- 饿 è 배고프다
- 忙 máng 바쁘다

2

忙
máng

不忙
bù máng

我不忙。
Wǒ bù máng.

교체해 보세요
- 困 kùn 졸리다
- 矮 ǎi (키가) 작다
- 渴 kě 목마르다

다음을 중국어로 말해 보세요.

- 저는 매우 바빠요. → ______________________
- 저는 목마르지 않아요. → ______________________

⊕ 다음 그림 단어를 익힌 후, 〈보기〉와 같이 말해 보세요.

1

爸爸 bàba 아빠, 아버지

爸爸好吗? → 爸爸很好。
Bàba hǎo ma? → Bàba hěn hǎo.
아빠는 잘 지내세요? → 아빠는 잘 지내세요.

❶

妈妈 māma 엄마, 어머니

______好吗? → ______很好。
hǎo ma? → hěn hǎo.

❷

哥哥 gēge 형, 오빠

______好吗? → ______很好。
hǎo ma? → hěn hǎo.

❸

姐姐 jiějie 누나, 언니

______好吗? → ______很好。
hǎo ma? → hěn hǎo.

2

보기

忙 máng 바쁘다

忙吗? 바빠요?
Máng ma?

→ 很忙。 매우 바빠요.
Hěn máng.

不忙。 바쁘지 않아요.
Bù máng.

❶

渴 kě 목마르다

________吗?
ma?

→ 很________。
Hěn

不________。
Bù

❷

高 gāo (키가) 크다

________吗?
ma?

→ 很________。
Hěn

不________。
Bù

❸

饿 è 배고프다

________吗?
ma?

→ 很________。
Hěn

不________。
Bú

중국어 트레이닝 발음

복운모·비운모·권설운모

1 복운모 : 두 개의 운모로 이루어진 운모를 말합니다. ➡ ai, ei, ao, ou

2 비운모 : 콧소리가 들어가는 특징을 갖는 운모를 말합니다. ➡ an, en, ang, eng, ong

3 권설운모 : 혀끝을 살짝 말아 발음하는 운모를 말합니다. ➡ er

➡ a로 시작하는 운모

ai ao an ang

➡ o로 시작하는 운모

ou ong

➡ e로 시작하는 운모

ei en eng

주의! e 운모는 뒤에 다른 운모가 오면 '에'로 발음합니다.

er

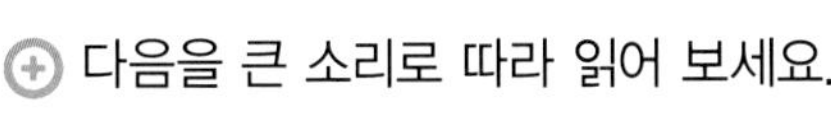

다음을 큰 소리로 따라 읽어 보세요.

ai ao an ang

ài	爱	사랑하다	hǎo	好	좋다
kàn	看	보다	máng	忙	바쁘다

ou ong

dōu	都	모두	tóu	头	머리
hóng	红	붉다	dǒng	懂	이해하다

ei en eng er

hēi	黑	검다	mén	门	문
téng	疼	아프다	èr	二	2

한 걸음 더 Tip

儿化

단어의 마지막 음절 뒤에 儿(ér)이 붙어 발음이 변하는 현상을 儿化라고 합니다. 어떤 음절이 儿化하게 되면 본래의 음에 변화가 생기지만, 발음을 표기할 때는 변화된 발음을 적지 않고 음절 뒤에 r만 붙여 표기합니다. 작고 귀여우며 친숙한 것을 부를 때 또는 습관적으로 쓰는데, 베이징 일대 지방에서 특징적으로 나타납니다.

饭馆儿 fànguǎnr 식당　　花儿 huār 꽃　　歌儿 gēr 노래

실력 쌓기
연습문제

1 녹음을 들으며 발음을 연습해 보세요.

bāi	bái	bǎi	bài
māng	máng	mǎng	màng
dōu	dóu	dǒu	dòu
tōng	tóng	tǒng	tòng
hēi	héi	hěi	hèi
mēn	mén	měn	mèn
ēr	ér	ěr	èr

2 녹음을 듣고 알맞은 운모를 쓴 후 성조를 표시해 보세요.

n__________ m__________ d__________

h__________ h__________ m__________

3 우리말을 참고하여 빈칸에 알맞은 한어병음을 쓰세요.

❶ 잘 지내세요? N_____ hǎo m_____?

❷ 아빠는 매우 바쁩니다. Bàba hěn m_______.

❸ 형은 (키가) 매우 큽니다. Gēg_____ hěn g_______.

❹ 엄마는 배고프지 않습니다. M_____m_____ bú _____.

4 제시된 단어를 배열하여 문장을 만드세요.

❶ 姐姐　吗　好

→ ______________________?

누나는 잘 지내요?

❷ 不　我　累

→ ______________________。

저는 피곤하지 않아요.

❸ 我　也　饿　很

→ ______________________。

저도 매우 배고파요.

5 다음 〈보기〉 중에서 빈칸에 알맞은 단어를 고르세요.

보기　也　吗　不

❶ 爸爸好________?
Bàba hǎo

❷ 我________忙。
Wǒ　máng.

❸ 我________很好。
Wǒ　hěn hǎo.

테마 단어

가족

할아버지	爷爷	yéye
할머니	奶奶	nǎinai
외할아버지	外公	wàigōng
외할머니	外婆	wàipó
아빠	爸爸	bàba
엄마	妈妈	māma
누나, 언니	姐姐	jiějie
형, 오빠	哥哥	gēge
나	我	wǒ
남동생	弟弟	dìdi
여동생	妹妹	mèimei

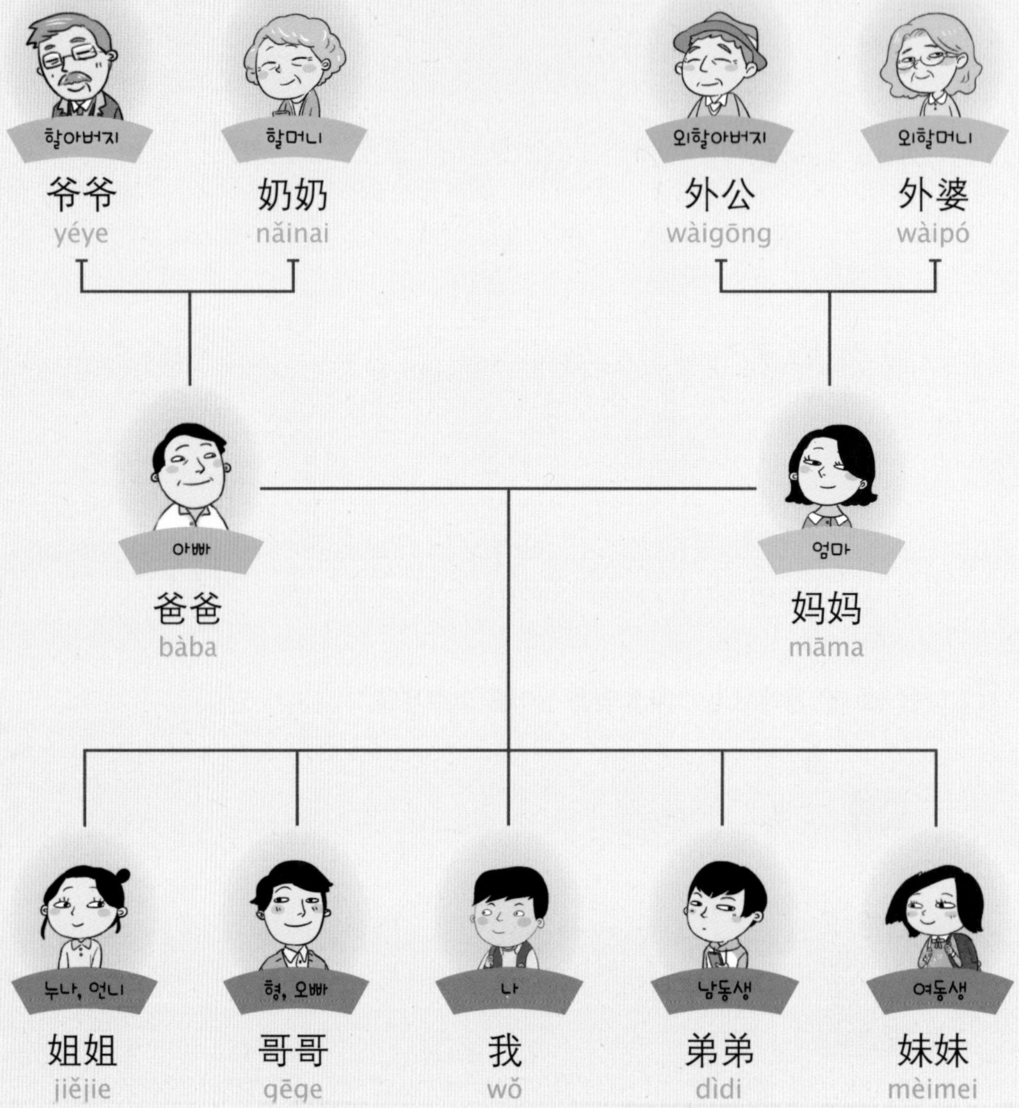

중국 문화

사진으로 만나기

중화민족

만주족

단일민족인 우리나라와 달리, 중국은 한족과 55개의 소수민족으로 이루어진 다민족 국가입니다. 중국의 총 인구는 약 14억 명이며, 그중 한족이 92%로 대부분을 차지하고 있지요. 소수민족은 중국 총 인구의 약 8%를 차지하며 인구는 적지만 분포 지역은 굉장히 넓습니다.

중국의 소수민족은 회족과 만주족이 한어를 사용하는 것을 제외하면 모두 민족의 고유 언어를 사용하고 있고, 몽골족, 위구르족 등 21개 소수민족은 고유문자도 가지고 있습니다. 소수민족은 광활한 지역을 개척하고, 다양한 문화를 창조하여 중국 역사 발전에 큰 역할을 했습니다. 하지만 소수민족이 불평등한 대우를 받는 것이 사회적 문제로 대두되었는데요, 이를 해결하기 위해 중국 정부는 어떤 민족에게든 차별과 압박을 금지하는 법을 제정하는 등 소수민족을 보호하기 위한 정책을 펼치고 있습니다.

베이징에 있는 '중화민족원(中华民族园)'에서는 소수민족의 건축 양식과 생활 방식을 모형으로 전시하여, 보다 쉽게 소수민족의 생활상을 볼 수 있습니다. 또한 실제 소수민족의 노래와 공연을 관람할 수 있고 전통 요리도 맛볼 수 있으니, 기회가 되면 꼭 가보세요.

회족

중화민족원

你学什么?

Nǐ xué shénme?

당신은 무엇을 배워요?

학습 미션

회화 '당신은 ~하나요?', '~하나요, ~안 하나요?' 표현을 말할 수 있다

어법 동사술어문 / 什么(1)

발음 성모

회화★1

□□ 看 kàn 동 보다

+ 听 tīng 듣다

□□ 他 tā 대 그

+ 她 tā 그녀

회화★2

□□ 学 xué 동 배우다, 공부하다

□□ 什么 shénme 대 무엇, 무슨, 어떤

+ 学什么? Xué shénme? 무엇을 배워요?

□□ 汉语 Hànyǔ 명 중국어

+ 韩国语 Hánguóyǔ 한국어 | 英语 Yīngyǔ 영어

□□ 怎么样 zěnmeyàng 대 어떠하다

□□ 有意思 yǒu yìsi 재미있다

회화★1 수업 전, 강의실에서

Wáng lǎoshī	Nǐ kàn ma?
王老师	你看吗?[1]
Mǎkè	Wǒ bú kàn.
马克	我不看。
Wáng lǎoshī	Tā kàn bu kàn?
王老师	他看不看?
Mǎkè	Tā yě bú kàn.
马克	他也不看。

정반의문문

형용사나 동사의 긍정형과 부정형을 병렬하여 '긍정+부정' 형식으로 물어보는 의문문으로, 우리말의 '봐요, 안 봐요?'와 비슷한 형태입니다. 이 경우, 중간의 不는 경성으로 발음하며, 문장 끝에는 吗를 붙이지 않습니다.

회화 2 도서관에서

Track03-03

Xiǎoměi　Nǐ xué shénme?

小美　你学什么?❷

Dàhán　Wǒ xué Hànyǔ.

大韩　我学汉语。

Xiǎoměi　Hànyǔ zěnmeyàng?

小美　汉语怎么样?

Dàhán　Hěn yǒu yìsi.

大韩　很有意思。

중국 속으로!

중국 서점을 만나 보세요!

중국 서점(中国书店 Zhōngguó Shūdiàn)은 베이징(北京 Běijīng) 류리창(琉璃厂 Liúlíchǎng)에 있는 규모가 가장 큰 고서점이에요. 1952년 문을 열었는데, 자료 수집부터 출판·판매까지 하고 있으며, 옛 문헌과 책들도 다시 출간하고 있지요. 좋은 고서를 보는 재미를 느끼고 싶다면 한 번쯤 구경해 보세요.

1 동사술어문

중국어의 기본 어순은 '주어+술어'입니다. 동사가 술어가 되는 문장을 동사술어문이라고 합니다.

긍정문 | 주어 + 동사

他看。
Tā kàn.
그는 봅니다.

부정문 | 주어 + 不 + 동사

他不看。
Tā bú kàn.
그는 보지 않습니다.

일반의문문 | 주어 + 동사 + 吗?

他看吗?
Tā kàn ma?
그는 봅니까?

정반의문문 | 주어 + 동사 + 不 + 동사?

他看不看?
Tā kàn bu kàn?
그는 봅니까, 안 봅니까?

TIP
동사가 목적어를 수반하는 경우, 중국어는 우리말과는 달리 목적어가 동사 뒤에 놓입니다. 즉 '그는 책을 본다'라는 문장은 중국어로 '他看书(그는 본다 책을)'의 어순이 됩니다.

2 什么(1)

'무엇', '무슨'이라는 뜻의 의문대사입니다. 의문대사를 사용한 의문문은 문장 끝에 의문의 어기조사 吗를 붙이지 않습니다.

A 你喝什么? 당신은 무엇을 마십니까?
Nǐ hē shénme?

B 我喝咖啡。 저는 커피를 마십니다.
Wǒ hē kāfēi.

단어 书 shū 명 책 | 喝 hē 동 마시다 | 咖啡 kāfēi 명 커피

표현 키우기

확장 연습

⊕ 제시된 표현을 자연스럽게 따라 읽으며 중국어의 문장 구조를 익혀 보세요.

1

看
kàn

看不看
kàn bu kàn

他看不看?
Tā kàn bu kàn?

교체해 보세요
- 听 tīng 듣다
- 吃 chī 먹다
- 喝 hē 마시다

2

汉语
Hànyǔ

学汉语
xué Hànyǔ

我学汉语。
Wǒ xué Hànyǔ.

교체해 보세요
- 英语 Yīngyǔ 영어
- 韩国语 Hánguóyǔ 한국어
- 日语 Rìyǔ 일본어

다음을 중국어로 말해 보세요.

- 그는 듣나요, 안 듣나요? ⇢ ____________________
- 나는 영어를 배워요. ⇢ ____________________

⊕ 다음 그림 단어를 익힌 후, 〈보기〉와 같이 말해 보세요.

1

보기

看 kàn 보다

看。 Kàn. 봅니다.

看吗? Kàn ma? 봅니까?

看不看? Kàn bu kàn? 봅니까, 안 봅니까?

不看。 Bú kàn. 안 봅니다.

❶

吃 chī 먹다

______。

______吗? ma?

______不______? bu

不______。 Bù

❷

听 tīng 듣다

______。

______吗? ma?

______不______? bu

不______。 Bù

❸

买 mǎi 사다

______。

______吗? ma?

______不______? bu

不______。 Bù

2

보기

学 xué 배우다
汉语 Hànyǔ 중국어

A 你学什么? 당신은 무엇을 배워요?
Nǐ xué shénme?

B 我学汉语。 나는 중국어를 배워요.
Wǒ xué Hànyǔ.

❶

喝 hē 마시다
可乐 kělè 콜라

A 你________什么?
Nǐ shénme?

B 我________________。
Wǒ

❷

吃 chī 먹다
比萨 bǐsà 피자

A 你________什么?
Nǐ shénme?

B 我________________。
Wǒ

❸

看 kàn 보다
电视 diànshì 텔레비전

A 你们________什么?
Nǐmen shénme?

B 我们________________。
Wǒmen

중국어 트레이닝 발음

* 성모는 우리말의 음절 중에서 자음에 해당하는 부분으로, 발음 부위와 방법에 따라 나뉩니다.

Track03-07

1 쌍순음 : 아랫입술과 윗입술을 붙였다 떼면서 발음합니다.

b(o)　　p(o)　　m(o)

2 순치음 : 아랫입술 안쪽에 윗니를 살짝 댔다 떼면서 발음합니다.

f(o)

3 설첨음 : 혀끝을 윗잇몸 안쪽에 댔다 떼면서 발음합니다.

d(e)　　t(e)　　n(e)　　l(e)

4 설근음 : 혀뿌리로 목구멍을 막았다가 떼면서 발음합니다.

g(e)　　k(e)　　h(e)

5 설면음 : 입을 옆으로 벌리고 혀를 넓게 펴서 발음합니다.

j(i)　　q(i)　　x(i)

6 권설음 : 혀끝을 말아 입천장에 닿을 듯 말 듯하게 하고 그 사이로 공기를 내보내면서 발음합니다.

zh(i)　　ch(i)　　sh(i)　　r(i)

7 설치음 : 혀끝을 앞니의 뒷면에 붙였다 떼면서 발음합니다.

z(i)　　c(i)　　s(i)

⊕ 다음을 큰 소리로 따라 읽어 보세요.

b p m f

bā	八	8	pǎo	跑	달리다
mǎi	买	사다	fàn	饭	밥

d t n l

dōng	东	동쪽	tīng	听	듣다
nán	男	남자	lái	来	오다

g k h

gāo	高	높다	kě	渴	목마르다
kāi	开	열다	hē	喝	마시다

j q x

jī	鸡	닭	jiā	家	집
qī	七	7	xī	西	서쪽

zh ch sh r

zhè	这	이것	chī	吃	먹다
shū	书	책	rè	热	덥다

z c s

zǎo	早	아침	cài	菜	요리
sì	四	4	sǎo	扫	청소하다

1 녹음을 들으며 발음을 연습해 보세요.

bān	bán	bǎn	bàn
fēi	féi	fěi	fèi
gōng	góng	gǒng	gòng
kēng	kéng	kěng	kèng
jiā	jiá	jiǎ	jià
zhōng	zhóng	zhǒng	zhòng
chān	chán	chǎn	chàn
shēi	shéi	shěi	shèi
rāo	ráo	rǎo	rào

Track03-10

2 녹음을 듣고 알맞은 성모를 쓴 후 성조를 표시해 보세요.

____an　____ai　____en　____ou　____eng

____ia　____ang　____i　____e　____ao

3 우리말을 참고하여 빈칸에 알맞은 한어병음을 쓰세요.

❶ 아빠는 마십니까, 안 마십니까? Bàba ______ bu ______?

❷ 엄마는 듣지 않습니다. Māma ______ tīng.

❸ 여동생은 텔레비전을 봅니다. Mèimei ______ diànshì.

4 다음 질문에 알맞은 대답을 고르세요.

❶ 他看不看?
Tā kàn bu kàn? ☐

❷ 你听什么?
Nǐ tīng shénme? ☐

❸ 汉语怎么样?
Hànyǔ zěnmeyàng? ☐

A 我听音乐。
Wǒ tīng yīnyuè.

B 很有意思。
Hěn yǒu yìsi.

C 他也不看。
Tā yě bú kàn.

5 다음 〈보기〉 중에서 빈칸에 알맞은 단어를 고르세요.

보기 怎么样 什么 不

❶ 你学__________学?
Nǐ xué xué?

❷ 英语__________?
Yīngyǔ

❸ 你吃__________?
Nǐ chī

단어 妹妹 mèimei 명 여동생 | 音乐 yīnyuè 명 음악

중국 노래
뽀포모포

Track03-11

bo po mo fo

5
9
bo po mo fo de te ne le ge ke he ji qi xi
zhi chi shi ri zi ci si zhi chi shi ri zi ci si
a o e i u ü a o e i u ü

사진으로 만나기

간체자와 번체자

간체자 표지판

번체자 도서

중국어의 한자와 우리나라에서 사용하는 한자가 다르다는 사실을 아시나요? 중국 대륙에서는 간체자(简体字)를 사용하는데요, 한자의 복잡한 획을 간략하게 만든 글자입니다. 간체자와 대비되는 번체자(繁体字)는 우리나라에서 사용하는 한자를 말하는데요, 타이완이나 홍콩에서는 번체자를 사용하고 있습니다.

그렇다면 간체자는 왜 생겨났을까요? 한자는 글자 수가 많고 필획이 복잡해서 배우기가 쉽지 않아, 중국인들의 문맹률이 한때 80%에 달했습니다. 중화인민공화국 수립 후 마오쩌둥(毛泽东 Máo Zédōng)은 문맹 퇴치 운동을 통해 대중들의 문맹률을 낮추려 노력하였고, 그 일환으로 간체자를 개발해 보급했습니다. 간체자는 대중의 문맹률을 낮추는 데 큰 역할을 했지요.

간체자와 번체자는 어떻게 다른지 살펴볼까요? 맥도날드 사진을 한번 보세요. 맥도날드는 중국어로 麦当劳(Màidāngláo)라고 하는데요, 왼쪽에 있는 사진에는 간체자인 麦当劳로, 오른쪽에 있는 사진에는 번체자인 麥當勞로 표기되어 있는 것을 확인할 수 있지요.

중국의 맥도날드

타이완의 맥도날드

你去哪儿?

Nǐ qù nǎr?

당신은 어디에 가나요?

학습 미션

회화 '~에 갑니다', '~에 있습니다' 표현을 말할 수 있다

어법 哪儿 / 在 / 这儿과 那儿

발음 결합운모

회화 ★1

- □□ 去 qù 동 가다
  - ✚ 来 lái 오다
- □□ 哪儿 nǎr 대 어디, 어느 곳
- □□ 食堂 shítáng 명 (기관·단체 등의) 구내식당, 음식점
  - ✚ 饭馆儿 fànguǎnr 식당, 음식점
- □□ 在 zài 동 ~에 있다
- □□ 图书馆 túshūguǎn 명 도서관

회화 ★2

- □□ 住 zhù 동 살다, 거주하다
- □□ 宿舍 sùshè 명 기숙사
- □□ 那儿 nàr 대 저기, 거기, 저곳, 그곳
  - ✚ 这儿 zhèr 여기, 이곳

회화 ★1 점심시간에

Xiǎoměi　Nǐ qù nǎr?

小美　你去哪儿? ❶

Mǎkè　Wǒ qù shítáng.

马克　我去食堂。

Xiǎoměi　Dàhán zài nǎr?

小美　大韩在 ❷ 哪儿?

Mǎkè　Tā zài túshūguǎn.

马克　他在图书馆。

회화★2 학교 캠퍼스에서

Track04-03

Xiǎoměi　Nǐ zhù nǎr?
小美　你住哪儿?

Dàhán　Wǒ zhù sùshè.
大韩　我住宿舍。

Xiǎoměi　Sùshè zài nǎr?
小美　宿舍在哪儿?

Dàhán　Zài nàr.
大韩　在那儿③。

중국 속으로!

学院은 학원이 아니에요

우리나라에서는 사립 교육 기관을 '학원(學院)'이라고 하죠? 하지만 중국에서 '学院(xuéyuàn)'은 '단과 대학'을 의미해요. 중국인에게 '我去学院'이라고 하면 우리와 다른 의미로 생각할 거예요. 그렇다면 학원을 중국어로 뭐라고 할까요? 补习班(bǔxíbān)이라고 한답니다.

실력 다지기 어법

1 哪儿

哪儿은 우리말의 '어디', '어느 곳'에 해당되는 의문대사로 장소를 물을 때 사용합니다.

A 你去哪儿? 당신은 어디에 갑니까?
Nǐ qù nǎr?

B 我去学校。 나는 학교에 갑니다.
Wǒ qù xuéxiào.

2 在

在는 '~에 있다'라는 뜻으로, '在+장소' 형식으로 쓰입니다.

我在食堂。 나는 식당에 있습니다.
Wǒ zài shítáng.

他在书店。 그는 서점에 있습니다.
Tā zài shūdiàn.

3 这儿과 那儿

这儿은 '이곳', 那儿은 '저곳'의 뜻으로 장소를 나타내는 지시대사입니다.

근칭	중칭·원칭	의문칭
这儿 zhèr 여기, 이곳	那儿 nàr 저기, 거기, 저곳, 그곳	哪儿 nǎr 어디

图书馆在这儿。 도서관은 이곳에 있습니다.
Túshūguǎn zài zhèr.

他在那儿。 그는 저기 있습니다.
Tā zài nàr.

단어 学校 xuéxiào 명 학교 | 书店 shūdiàn 명 서점

표현 키우기

확장 연습

제시된 표현을 자연스럽게 따라 읽으며 중국어의 문장 구조를 익혀 보세요.

1

食堂
shítáng

去食堂
qù shítáng

我去食堂。
Wǒ qù shítáng.

교체해 보세요

- 图书馆 túshūguǎn 도서관
- 商店 shāngdiàn 상점
- 故宫 Gùgōng 고궁

2

哪儿
nǎr

在哪儿
zài nǎr

宿舍在哪儿?
Sùshè zài nǎr?

교체해 보세요

- 弟弟 dìdi 남동생
- 手机 shǒujī 휴대 전화, 핸드폰
- 饭馆儿 fànguǎnr 식당, 음식점

다음을 중국어로 말해 보세요.

- 나는 도서관에 갑니다. → ______________________
- 남동생은 어디 있나요? → ______________________

⊕ 다음 그림 단어를 익힌 후, 〈보기〉와 같이 말해 보세요.

1

보기

图书馆 túshūguǎn 도서관

A 你在哪儿? 당신은 어디에 있어요?
Nǐ zài nǎr?

B 我在 图书馆。 나는 도서관에 있어요.
Wǒ zài túshūguǎn.

❶

银行 yínháng 은행

A 你在哪儿?
Nǐ zài nǎr?

B 我在＿＿＿＿＿＿＿＿。
Wǒ zài

❷

医院 yīyuàn 병원

A 你在哪儿?
Nǐ zài nǎr?

B 我在＿＿＿＿＿＿＿＿。
Wǒ zài

❸

书店 shūdiàn 서점

A 他在哪儿?
Tā zài nǎr?

B 他在＿＿＿＿＿＿＿＿。
Tā zài

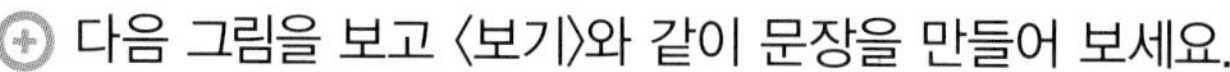

⊕ 다음 그림을 보고 〈보기〉와 같이 문장을 만들어 보세요.

2

보기 大韩去学校。 대한이는 학교에 가요.
Dàhán qù xuéxiào.

❶ 爸爸去________。
Bàba qù

❷ 妈妈去________。
Māma qù

❸ 爷爷、奶奶去________。
Yéye、nǎinai qù

❹ 姐姐去________。
Jiějie qù

❺ 妹妹去________。
Mèimei qù

❻ 弟弟去________。
Dìdi qù

단어 爷爷 yéye 명 할아버지 | 奶奶 nǎinai 명 할머니 | 邮局 yóujú 명 우체국 | 电影院 diànyǐngyuàn 명 영화관 | 星巴克 Xīngbākè 고유 스타벅스 | 麦当劳 Màidāngláo 고유 맥도날드

중국어 트레이닝
발음

결합운모

1 i(yi) 결합운모

i 뒤에 다른 운모가 결합되어 만들어진 운모로, i가 성모 없이 단독으로 쓰일 때는 yi로 표기합니다.

ia(ya)　ie(ye)　iao(yao)　iou(you)

ian(yan)　iang(yang)　iong(yong)

in(yin)　ing(ying)

주의! iou가 성모와 결합할 때는 o가 없어지고 iu로 표기하며, o의 소리는 약해져 우리말의 '이-우'처럼 발음합니다.
예 j + iou → jiu　n + iou → niu

2 u(wu) 결합운모

u 뒤에 다른 운모가 결합되어 만들어진 운모로, u가 성모 없이 단독으로 쓰일 때는 wu로 표기합니다.

ua(wa)　uo(wo)

uai(wai)　uan(wan)　uang(wang)

uei(wei)　uen(wen)　ueng(weng)

주의! uei, uen이 성모와 결합할 때는 e가 없어지고 ui, un으로 표기하며, e는 약하게 발음합니다.
예 d + uei → dui　t + uen → tun

3 ü(yu) 결합운모

ü 뒤에 다른 운모가 결합되어 만들어진 운모로, ü가 성모 없이 단독으로 쓰일 때는 yu로 표기합니다.

üe(yue)　üan(yuan)　ün(yun)

주의! 성모 j, q, x와 운모 ü가 결합할 때는 ü의 두 점을 떼어 버리고 u로 표기합니다.
예 jü → ju　qüe → que　xüan → xuan

⊕ 다음을 큰 소리로 따라 읽어 보세요.

ia ie iao

xià	下	아래	xié	鞋	신발
xiǎo	小	작다	yào	要	원하다

iou ian iang

jiǔ	酒	술	liǎn	脸	얼굴
jiāng	江	강	yǒu	有	있다

iong in ing

xióng	熊	곰	xìn	信	편지
píng	瓶	병	yín	银	은

ua uo uai uei

wā	哇	와!	duō	多	많다
kuài	快	빠르다	guì	贵	비싸다

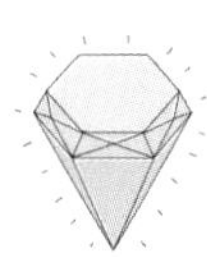

uan uang uen ueng

duǎn	短	짧다	wáng	王	왕
chūntiān	春天	봄	wēng	翁	노인

üe üan ün

yīnyuè	音乐	음악	xué	学	배우다
yīyuàn	医院	병원	qúnzi	裙子	치마

1 녹음을 들으며 발음을 연습해 보세요.

yān	niú	xiǎo	yào
wā	wéi	wǎn	duì
xūn	yú	yuǎn	qù
jīntiān	yāoqiú	Qīngdǎo	yīfu
máodùn	qǐngwèn	hěn guì	huí jiā
wèishēng	shàng wǎng	wǎnshang	nuǎnhuo
tóuyūn	yóujú	yǔyán	qúnzi
xuéyuàn	quánmiàn	jiǔ yuè	júzi

2 녹음을 듣고 알맞은 한어병음을 쓰세요.

xǐ ______	______zi	hē ______	hěn ______
bù ______	tài ______	guó______	______tiān
______liang	______rén	______duì	shàng ______

3 우리말을 참고하여 빈칸에 알맞은 한어병음을 쓰세요.

❶ 누나는 학교에 갑니다. Jiějie ____________________.

❷ 그는 고궁에 갑니다. Tā ____________________.

❸ 할아버지는 서점에 계십니다. Yéye ____________________.

4 다음 질문에 알맞은 대답을 고르세요.

❶ 你住哪儿? ☐
Nǐ zhù nǎr?

❷ 你去哪儿? ☐
Nǐ qù nǎr?

❸ 食堂在哪儿? ☐
Shítáng zài nǎr?

A 我去学校。
Wǒ qù xuéxiào.

B 在那儿。
Zài nàr.

C 我住宿舍。
Wǒ zhù sùshè.

5 다음 〈보기〉 중에서 빈칸에 알맞은 단어를 고르세요.

보기 哪儿 那儿 在

❶ 他去________?
Tā qù

❷ 爸爸________哪儿?
Bàba nǎr?

❸ 宿舍在________。
Sùshè zài

테마 게임
잰말놀이

四十四
Sìshísì

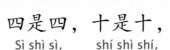

四是四，十是十，
Sì shì sì, shí shì shí,

十四是十四，四十是四十，
shísì shì shísì, sìshí shì sìshí,

四十四是四十四！
sìshísì shì sìshísì!

44

4는 4, 10은 10,
14는 14, 40은 40,
44는 44!

중국 문화

사진으로 만나기

만리장성

길게 뻗은 만리장성

만리장성은 유네스코 세계문화유산으로 등재된 인류 역사상 최대 규모의 토목 공사 유적입니다. 만리장성은 중국 역대 왕조들이 북방 민족의 침입을 막기 위해 만든 것으로, 연장 길이는 약 2,700km이고, 중간에 갈라져 나온 지선들을 합하면 약 6,400km에 달합니다. 만리장성은 동쪽 산하이관(山海关 Shānhǎiguān)이 첫 번째 성문이고, 자위관(嘉峪关 Jiāyùguān)이 마지막 성문입니다.

중국 사람들은 만리장성을 长城(Chángchéng)이라고 부르는데요, 마오쩌둥은 '만리장성을 오르지 않으면 사내대장부라 할 수 없다(不到长城非好汉 bú dào Chángchéng fēi hǎohàn)'라는 말을 남겼다고 합니다. 그래서인지 성년이 된 중국 남자들은 반드시 만리장성에 올라야 한다고 하네요.

베이징 주변에는 바다링(八达岭 Bādálǐng), 무톈위(幕田峪 Mùtiányù), 쓰마타이(司马台 Sīmǎtái), 진산링(金山岭 Jīnshānlǐng) 창청이 있습니다. 그중 베이징에서 보게 되는 것은 대부분 바다링 창청인데요, 복원이 잘 되어 있어 만리장성의 대표적인 구간이기도 합니다.

만리장성이 너무 길어 가기가 힘들다고요? 걱정 마세요. 케이블카(缆车 lǎnchē)와 활강로가 설치되어 있어 쉽게 그리고 재미있게 만리장성에 갈 수 있습니다. 만리장성에 오르면 끝이 보이지 않는 성벽의 웅장함에 모든 사람들이 경탄한다고 하니, 여러분도 만리장성에 직접 올라 성벽의 웅장함을 느껴 보세요.

케이블카

她是谁?

Tā shì shéi?

그녀는 누구예요?

학습 미션

회화 사물과 대상을 묻고 답할 수 있다

어법 是자문 / 的 / 谁

발음 성조 변화

회화★1

- ▢▢ 这 zhè 대 이, 이것
- ▢▢ 是 shì 동 ~이다
- ▢▢ 书 shū 명 책
  - ✚ 汉语书 Hànyǔ shū 중국어 책
- ▢▢ 那 nà 대 저, 저것
- ▢▢ 的 de 조 ~의, ~한 [수식 관계를 나타내는 구조조사]
- ▢▢ 手机 shǒujī 명 휴대 전화, 핸드폰
  - ✚ 短信 duǎnxìn 문자 메시지 | 智能手机 zhìnéng shǒujī 스마트폰

회화★2

- ▢▢ 她 tā 대 그녀
  - ✚ 他 tā 그
- ▢▢ 谁 shéi(shuí) 대 누구
- ▢▢ 老师 lǎoshī 명 선생님
  - ✚ 学生 xuésheng 학생 | 学校 xuéxiào 학교

회화 ★1 수업 중에

Wáng lǎoshī	Zhè shì shénme?
王老师	这是❶什么?
Mǎkè	Zhè shì Hànyǔ shū.
马克	这是汉语书。
Wáng lǎoshī	Nà shì nǐ de shǒujī ma?
王老师	那是你的❷手机吗?
Mǎkè	Shì, nà shì wǒ de shǒujī.
马克	是，那是我的手机。

的 생략

인칭대사가 친족 명칭이나 친구, 소속 기관 또는 단체를 수식할 경우, 的를 생략할 수 있습니다.

我(的)爸爸 wǒ (de) bàba 우리 아빠

我们(的)学校 wǒmen (de) xuéxiào 우리 학교

회화★2 하굣길에

Xiǎoměi Tā shì shéi?

小美 她是谁?[3]

Dàhán Tā shì lǎoshī.

大韩 她是老师。

Xiǎoměi Tā shì bu shì nǐ de lǎoshī?

小美 她是不是你的老师?

Dàhán Tā bú shì wǒ de lǎoshī.

大韩 她不是我的老师。

중국 속으로!

중국의 학제는 6-3-3-4

중국은 우리나라와 마찬가지로 초등학교 6년, 중학교 3년, 고등학교 3년, 대학교 4년의 교육 과정으로 이루어져 있어요. 학기는 9월에 신학기가 시작되어, 다음 해 7월에 끝나요. 유치원은 幼儿园(yòu'éryuán), 초등학교는 小学(xiǎoxué), 중학교는 初级中学(chūjí zhōngxué), 고등학교는 高级中学(gāojí zhōngxué), 대학교는 大学(dàxué)라고 합니다.

1 是자문

是는 '~이다'라는 뜻의 동사로, 是가 술어가 되는 문장을 是자문이라고 합니다.

긍정문/부정문 | 주어 + 是/不是 + 목적어

我是学生。 나는 학생입니다.
Wǒ shì xuésheng.

我不是学生。 나는 학생이 아닙니다.
Wǒ bú shì xuésheng.

일반의문문 | 주어 + 是 + 목적어 + 吗?

你是学生吗? 당신은 학생입니까?
Nǐ shì xuésheng ma?

정반의문문 | 주어 + 是不是 + 목적어?

你是不是学生? 당신은 학생입니까, 아닙니까?
Nǐ shì bu shì xuésheng?

2 的

的는 우리말의 '~의', '~한'에 해당되는 구조조사로 수식 관계를 나타냅니다.

我的衣服 나의 옷
wǒ de yīfu

好看的衣服 예쁜 옷
hǎokàn de yīfu

3 谁

우리말의 '누구'에 해당되는 의문대사로 사람에 대해 물을 때 씁니다.

他是谁? 그는 누구입니까?
Tā shì shéi?

他是谁的老师? 그는 누구의 선생님입니까?
Tā shì shéi de lǎoshī?

단어 学生 xuésheng 명 학생 | 衣服 yīfu 명 옷 | 好看 hǎokàn 형 보기 좋다, 아름답다

표현 키우기

확장 연습

제시된 표현을 자연스럽게 따라 읽으며 중국어의 문장 구조를 익혀 보세요.

1

汉语书
Hànyǔ shū

是汉语书
shì Hànyǔ shū

这是汉语书。
Zhè shì Hànyǔ shū.

교체해 보세요

- 桌子 zhuōzi 탁자, 테이블
- 手表 shǒubiǎo 손목시계
- 书包 shūbāo 책가방

2

老师
lǎoshī

我的老师
wǒ de lǎoshī

不是我的老师
bú shì wǒ de lǎoshī

她(他)不是我的老师。
Tā(Tā) bú shì wǒ de lǎoshī.

교체해 보세요

- 弟弟 dìdi 남동생
- 姐姐 jiějie 누나, 언니
- 朋友 péngyou 친구

다음을 중국어로 말해 보세요.

- 이것은 책가방입니다. → ______________________
- 그는 나의 남동생이 아닙니다. → ______________________

⊕ 다음 그림 단어를 익힌 후, 〈보기〉와 같이 말해 보세요.

1

汉语书 Hànyǔ shū 중국어 책

这(那)是汉语书。
Zhè(Nà) shì Hànyǔ shū.
이것(저것)은 중국어 책이에요.

这(那)不是汉语书。
Zhè(Nà) bú shì Hànyǔ shū.
이것(저것)은 중국어 책이 아니에요.

❶

水果 shuǐguǒ 과일

这(那)是____________。
Zhè(Nà) shì

这(那)不是____________。
Zhè(Nà) bú shì

❷

椅子 yǐzi 의자

这(那)是____________。
Zhè(Nà) shì

这(那)不是____________。
Zhè(Nà) bú shì

❸

衣服 yīfu 옷

这(那)是____________。
Zhè(Nà) shì

这(那)不是____________。
Zhè(Nà) bú shì

2

老师 lǎoshī 선생님

A 她是谁? 그녀는 누구예요?
Tā shì shéi?

B 她是我的老师。 그녀는 나의 선생님이에요.
Tā shì wǒ de lǎoshī.

❶

奶奶 nǎinai 할머니

A 她是谁?
Tā shì shéi?

B 她是我的____________。
Tā shì wǒ de

❷

女朋友 nǚpéngyou 여자 친구

A 她是谁?
Tā shì shéi?

B 她是我的____________。
Tā shì wǒ de

❸

弟弟 dìdi 남동생

A 他是谁?
Tā shì shéi?

B 他是我的____________。
Tā shì wǒ de

중국어 트레이닝
발음

성조 변화

1 경성의 높낮이

경성의 높이는 앞의 성조에 따라 결정됩니다.

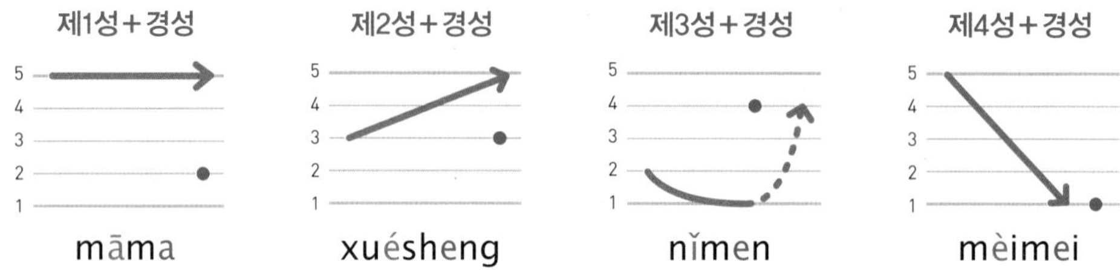

2 제3성의 성조 변화

❶ 제3성의 연속 : 제3성의 음절이 연속으로 나올 경우 앞의 제3성은 제2성으로 읽습니다.

예 nǐ hǎo → ní hǎo   hěn hǎo → hén hǎo

❷ 반3성 : 제3성 음절 뒤에 제1, 2, 4성, 경성이 오게 되면 앞의 제3성은 내려가는 부분만 발음하고 올라가는 부분은 발음하지 않는데, 이를 반3성이라고 합니다.

제3성(∨) + 제1, 2, 4성, 경성 → 반3성(∨) + 제1, 2, 4성, 경성

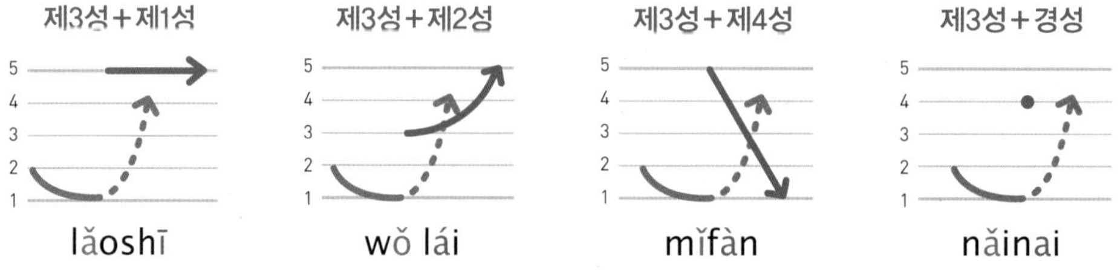

3 不의 성조 변화

不는 원래 제4성이지만, 뒤에 제4성이 올 경우에는 제2성으로 읽습니다.

bù+제1, 2, 3성	bú+제4성
bù chī　bù lái　bù mǎi	bú qù　bú kàn　bú guì

4 一의 성조 변화

❶ 숫자 一는 단독으로 읽을 때와 서수로 쓰일 때만 제1성 그대로 읽습니다.
예 yī　dì-yī kè　yī yuè

❷ 제1, 2, 3성 앞에서는 제4성으로 읽고, 제4성이나 제4성이 변한 경성 앞에서는 제2성으로 읽습니다.
예 yì tiān　yì nián　yìdiǎn　yídìng　yí ge

⊕ 다음을 큰 소리로 따라 읽어 보세요.

Track05-08

제1성과의 결합

bīngxiāng 冰箱 냉장고
Zhōngguó 中国 중국
qiānbǐ 铅笔 연필
yīnyuè 音乐 음악
māma 妈妈 엄마

제2성과의 결합

míngtiān 明天 내일
yínháng 银行 은행
niúnǎi 牛奶 우유
báisè 白色 흰색
xuésheng 学生 학생

제3성과의 결합

lǎoshī 老师 선생님
nǚ'ér 女儿 딸
shuǐguǒ 水果 과일
kělè 可乐 콜라
nǎinai 奶奶 할머니

제4성과의 결합

miànbāo 面包 빵
miàntiáo 面条 국수
Shànghǎi 上海 상하이
Hànzì 汉字 한자
zhàngfu 丈夫 남편

1 녹음을 들으며 발음을 연습해 보세요.

liúxuéshēng	túshūguǎn	huǒchēzhàn	chūzūchē
dàshǐguǎn	yùndòngyuán	xiǎochīdiàn	huàzhuāngpǐn
bàngōngshì	tàijíquán	yùndònghuì	wǎngqiúchǎng
yǒu yìsi	méi guānxi	mǎi dōngxi	yǒu shíhou

Track05-10

2 녹음을 듣고 알맞은 한어병음을 쓰세요.

❶ Wǒ yě ______ ______.

❷ Bàba ______ bú qù ____________.

❸ Tā ______ shì ____________.

3 우리말을 참고하여 빈칸에 알맞은 한어병음을 쓰세요.

❶ 이것은 무엇입니까? ______ shì shénme?

❷ 저것은 핸드폰입니다. ______ shì __________.

❸ 그는 선생님입니다. Tā shì ____________.

4 제시된 단어를 배열하여 문장을 만드세요.

❶ 那　谁　是　汉语书　的

→ ________________________________?

그것은 누구의 중국어 책입니까?

❷ 我　的　她　是　姐姐

→ ________________________________。

그녀는 저희 누나입니다.

❸ 不是　我　书包　的　这

→ ________________________________。

이것은 나의 책가방이 아닙니다.

5 다음 〈보기〉 중에서 빈칸에 알맞은 단어를 고르세요.

보기　谁　是　的

❶ 他是________?
Tā shì

❷ 这是我________手表。
Zhè shì wǒ　shǒubiǎo.

❸ 她不________我的奶奶。
Tā bú　wǒ de nǎinai.

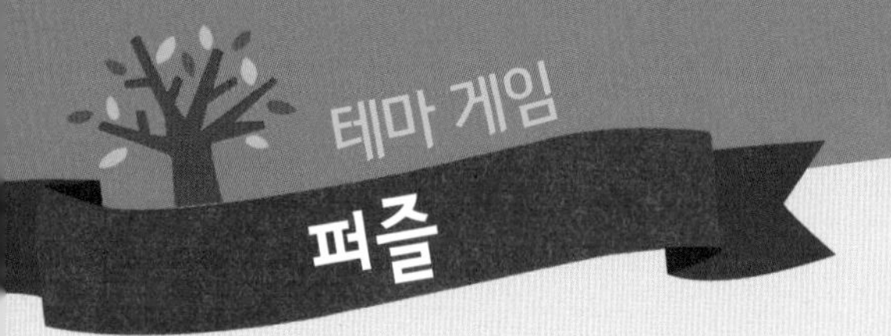

★ 병음 퍼즐에 숨겨진 단어를 찾아 보세요.

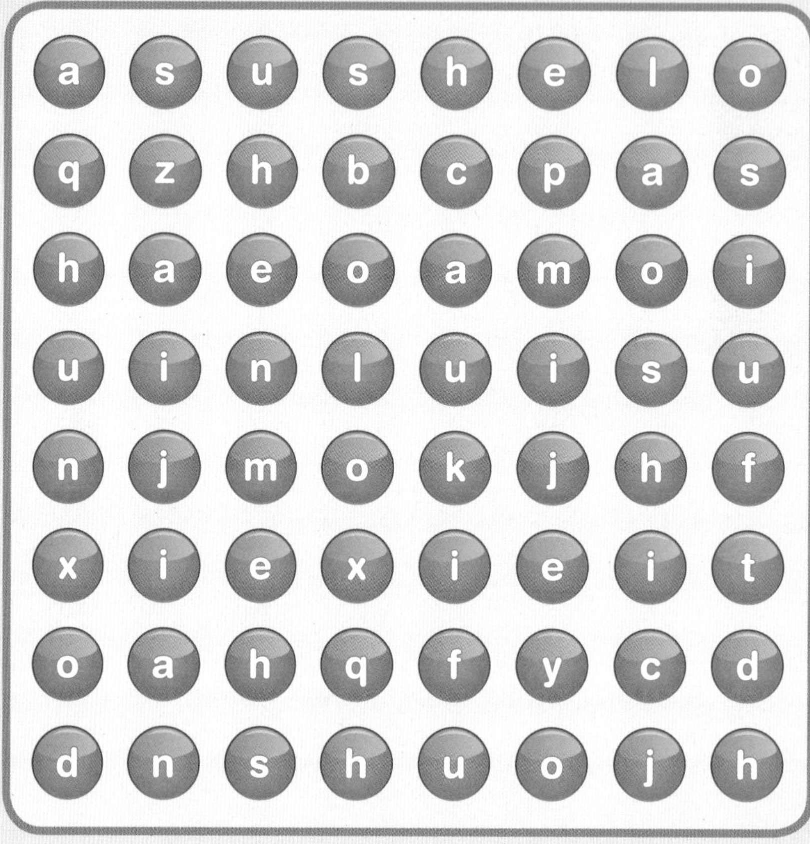

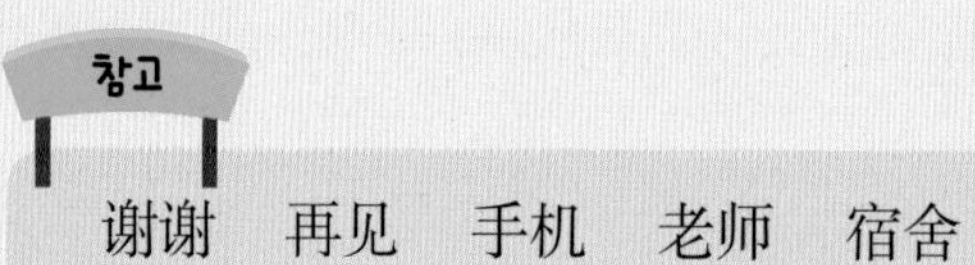

정답 → 245쪽

중국 문화 사진으로 만나기

중국의 핸드폰

유심칩을 구매해 사용하는 중국의 핸드폰

우리나라는 핸드폰을 구입하고 통신사에 가입한 후 전화번호를 받는데, 중국은 거의 대부분 자급제 핸드폰이기 때문에 전화번호가 입력된 유심칩을 구매하여 핸드폰에 끼워서 사용합니다. 대리점을 방문할 때는 반드시 신분증을 소지해야 하고, 전화번호를 등록할 때 얼굴 사진도 찍으니 놀라지 마세요.

전화번호는 선택할 수 있는데, 유심칩을 구매할 때 직원이 보여 주는 번호 목록 중에서 자신이 좋아하는 번호를 고르면 됩니다. 중국인이 선호하는 숫자인 8이 들어간 번호는 없는 경우가 많습니다.

중국의 대표적인 통신사로는 차이나 모바일(中国移动 Zhōngguó Yídòng), 차이나 유니콤(中国联通 Zhōngguó Liántōng)과 차이나 텔레콤(中国电信 Zhōngguó Diànxìn)이 있는데, 우리나라는 통신사가 동일한 번호를 사용하고 있지만 중국은 통신사마다 번호가 다릅니다.

중국에서는 핸드폰 요금을 충전해서 사용합니다. 충전한 요금을 다 쓰면 사용 중인 통신사의 앱을 이용하거나 위챗페이나 알리페이로 충천하면 됩니다. 중국은 성(省)마다 유심칩이 있어서 다른 도시로 이동하게 되면 해당 도시의 요금제로 책정됩니다. 요금제를 선택할 때 全国(quánguó 전국)과 省内(shěngnèi 성내) 같은 단어에 주의하세요.

다양한 서비스가 제공되는 차이나 모바일의 홈페이지

你叫什么名字?

Nǐ jiào shénme míngzi?

당신의 이름은 무엇입니까?

학습 미션

회화 이름 및 국적을 묻고 답할 수 있다

어법 이름을 묻는 표현 / 什么(2) / 의문대사 의문문

회화 ★1

□□	贵姓	guìxìng	명 성, 성씨
□□	姓	xìng	동 성이 ~이다
□□	李	Lǐ	고유 이[성씨]
□□	叫	jiào	동 ~라고 부르다
□□	名字	míngzi	명 이름
□□	怀特	Huáitè	고유 화이트[성씨]

회화 ★2

□□ 中国人 Zhōngguórén 명 중국인

+ 中国 Zhōngguó 중국

□□ 韩国人 Hánguórén 명 한국인

+ 韩国 Hánguó 한국

□□ 哪 nǎ 대 어느

□□ 国 guó 명 나라, 국가

□□ 人 rén 명 사람

+ 哪国人 nǎ guó rén 어느 나라 사람

□□ 美国人 Měiguórén 명 미국인

+ 美国 Měiguó 미국

□□ 认识 rènshi 동 알다, 인식하다

□□ 高兴 gāoxìng 형 기쁘다, 즐겁다

참 쉬운 회화

회화★1 이름을 물을 때

安娜 你好！ 您贵姓？❶

Ānnà Nǐ hǎo! Nín guìxìng?

大韩 我姓李，叫李大韩。

Dàhán Wǒ xìng Lǐ, jiào Lǐ Dàhán.

你叫什么❷名字？

Nǐ jiào shénme míngzi?

安娜 我姓怀特，叫安娜怀特。

Ānnà Wǒ xìng Huáitè, jiào Ānnà Huáitè.

认识你，很高兴

'당신을 알게 되어 매우 기쁩니다', '만나서 반갑습니다'라는 뜻으로, 처음 만난 사람에게 하는 인사말입니다. 이와 비슷한 표현으로 '见到你，很高兴。(Jiàndào nǐ, hěn gāoxìng. 당신을 만나게 되어 기쁩니다.)'이 있습니다.

회화★2 국적을 물을 때

安娜 你是中国人吗?
Ānnà Nǐ shì Zhōngguórén ma?

大韩 不，我是韩国人。你是哪[3]国人?
Dàhán Bù, wǒ shì Hánguórén. Nǐ shì nǎ guó rén?

安娜 我是美国人。
Ānnà Wǒ shì Měiguórén.

大韩 认识你，很高兴。
Dàhán Rènshi nǐ, hěn gāoxìng.

중국 속으로!

중국에서 가장 많은 성씨는?

14억 명의 사람들이 살고 있는 중국에는 약 4,700여 개의 성씨가 있어요. 2021년 5월에 발표된 제7차 전국인구조사 결과에 따르면 중국에서 가장 많은 성씨는 李(Lǐ)씨예요. 李씨 다음으로는 王(Wáng), 张(Zhāng), 刘(Liú), 陈(Chén), 杨(Yáng), 赵(Zhào), 黄(Huáng), 周(Zhōu), 吴(Wú) 순서로 많아요.

실력 다지기 어법

1 이름을 묻는 표현

상대방의 이름을 물어보는 표현에는 두 가지가 있습니다.

❶ 윗사람이나 처음 만난 사람에게 예의 바르게 상대방의 성씨를 물어볼 때는 '您贵姓?'을 씁니다. 이것은 우리말의 '성함이 어떻게 되십니까?'에 해당되는 예의 바른 표현입니다. 대답할 때는 贵는 빼고 '我姓○'라고 합니다. 제3자의 성씨를 물을 때는 贵는 빼고 '他姓什么?'라고 합니다.

A 您贵姓?
Nín guìxìng?
당신은 성함이 어떻게 되십니까?

B 我姓李，叫李大韩。
Wǒ xìng Lǐ, jiào Lǐ Dàhán.
저는 이씨고, 이대한이라고 합니다.

❷ 또 다른 표현으로는 '你叫什么名字?'가 있습니다. '당신의 이름은 무엇입니까?'라는 표현으로, 여기서 叫는 '~라고 부르다'라는 뜻입니다.

A 他叫什么名字?
Tā jiào shénme míngzi?
그의 이름은 무엇입니까?

B 他叫王明。
Tā jiào Wáng Míng.
그는 왕밍이라고 합니다.

바로바로 체크 다음 중 알맞은 단어를 넣어 문장을 완성하세요.

叫　　贵　　姓

① 我________王。 저는 왕씨입니다.

② 我________王明。 저는 왕밍이라고 합니다.

2 什么(2)

什么는 '무엇', '무슨'이라는 뜻의 의문대사입니다. 단독으로는 '무엇'이라는 뜻으로, 뒤에 명사가 오면 그 명사를 꾸며 '무슨'이라는 뜻으로 쓰입니다.

这是什么? 이것은 무엇입니까?
Zhè shì shénme?

你喝什么酒? 당신은 무슨 술을 마십니까?
Nǐ hē shénme jiǔ?

这是什么菜? 이것은 무슨 요리입니까?
Zhè shì shénme cài?

바로바로 체크 제시된 단어를 배열하여 문장을 만드세요.

① 学 他 什么 → ______________________

② 你们 什么 菜 吃 → ______________________

3 의문대사 의문문

다양한 의문대사를 사용하여 의문문을 만들 수 있습니다.

무엇, 무슨	어느	어디	누구	어떠하다
什么	哪	哪儿	谁	怎么样
shénme	nǎ	nǎr	shéi	zěnmeyàng

A 他是哪国人? 그는 어느 나라 사람입니까?
Tā shì nǎ guó rén?

B 他是韩国人。 그는 한국인입니다.
Tā shì Hánguórén.

A 谁去图书馆? 누가 도서관에 갑니까?
Shéi qù túshūguǎn?

B 王明去图书馆。 왕밍이 도서관에 갑니다.
Wáng Míng qù túshūguǎn.

단어 酒 jiǔ 명 술 | 菜 cài 명 요리, 반찬

A 你身体怎么样?
Nǐ shēntǐ zěnmeyàng?

당신은 건강이 어때요?

B 我身体很好。
Wǒ shēntǐ hěn hǎo.

저는 건강이 좋아요.

바로바로 체크 다음 질문에 알맞은 대답을 연결하세요.

① 你在哪儿?	A 我是美国人。
② 他姓什么?	B 我在美国。
③ 你是哪国人?	C 他姓金。

단어 身体 shēntǐ 명 건강, 신체 | 金 Jīn 고유 김[성씨]

표현 키우기
확장 연습

⊕ 제시된 표현을 자연스럽게 따라 읽으며 중국어의 문장 구조를 익혀 보세요.

1

姓
xìng

姓李
xìng Lǐ

我姓李。
Wǒ xìng Lǐ.

교체해 보세요
- 王 Wáng 왕[성씨]
- 张 Zhāng 장[성씨]
- 刘 Liú 류[성씨]

2

韩国人
Hánguórén

是韩国人
shì Hánguórén

我是韩国人。
Wǒ shì Hánguórén.

교체해 보세요
- 中国人 Zhōngguórén 중국인
- 法国人 Fǎguórén 프랑스인
- 日本人 Rìběnrén 일본인

다음을 중국어로 말해 보세요.

- 저는 장씨입니다. → ______________________
- 저는 중국인입니다. → ______________________

⊕ 다음 그림을 보고 〈보기〉와 같이 말해 보세요.

1

A 你叫什么名字?
Nǐ jiào shénme míngzi?
당신의 이름은 무엇입니까?

B 我姓李，叫李大韩。
Wǒ xìng Lǐ, jiào Lǐ Dàhán.
저는 이씨고, 이대한이라고 합니다.

❶

A 他姓什么?
Tā xìng shénme?

B 他姓______，叫__________。
Tā xìng jiào

❷

A 您贵姓?
Nín guìxìng?

B 我姓______，叫__________。
Wǒ xìng jiào

❸

A 你叫什么名字?
Nǐ jiào shénme míngzi?

B 我姓______，叫__________。
Wǒ xìng jiào

❹

A 她姓什么?
Tā xìng shénme?

B 她姓______，叫__________。
Tā xìng jiào

吐温 Tǔwēn 고유 트웨인[성씨] | 丽丽 Lìli 고유 리리[인명]

2

A 你是哪国人?
Nǐ shì nǎ guó rén?
당신은 어느 나라 사람이에요?

B 我是韩国人。
Wǒ shì Hánguórén.
저는 한국인이에요.

❶

A 你是哪国人?
Nǐ shì nǎ guó rén?

B 我是______________。
Wǒ shì

❷

A 他是哪国人?
Tā shì nǎ guó rén?

B 他是______________。
Tā shì

❸

A 你是美国人吗?
Nǐ shì Měiguórén ma?

B 不，我是______________。
Bù, wǒ shì

❹

A 她是中国人吗?
Tā shì Zhōngguórén ma?

B 不，她是______________。
Bù, tā shì

1 녹음을 듣고 질문에 답하세요.

❶ ______________________________

❷ ______________________________

❸ ______________________________

2 다음 질문에 알맞은 대답을 고르세요.

❶ 您贵姓? ☐ A 认识你，我也很高兴。

❷ 认识你，很高兴。 ☐ B 我姓李，叫李大韩。

❸ 你是中国人吗? ☐ C 不，我是韩国人。

3 〈보기〉의 의문대사를 이용하여 다음 문장에 대한 질문을 만들어 보세요.

보기 什么 哪 哪儿

❶ 我叫李大韩。 → ______________________________

❷ 我的老师是中国人。 → ______________________________

❸ 哥哥在书店。 → ______________________________

4 다음 문장을 중국어로 써보세요.

❶ 그녀의 이름은 무엇입니까?

⇢ ____________________?

❷ 당신을 알게 되어 매우 기쁩니다.

⇢ ____________________。

❸ 저는 왕씨입니다.

⇢ ____________________。

5 〈보기〉의 내용을 참고하여 이름과 국적을 묻는 대화를 연습해 보세요.

보기

A 你好！您贵姓？
B 我姓李，叫李大韩。

A 你是哪国人？
B 我是韩国人。

❶ 

❷ 

단어 张海红 Zhāng Hǎihóng 고유 장하이훙[인명] | 大卫史密斯 Dàwèi Shǐmìsī 고유 데이비드 스미스[인명]

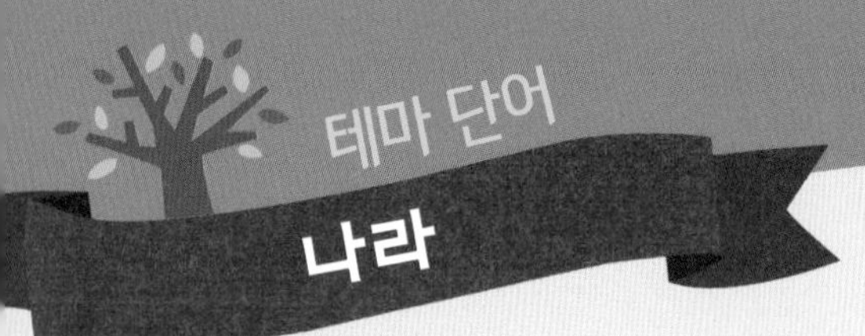

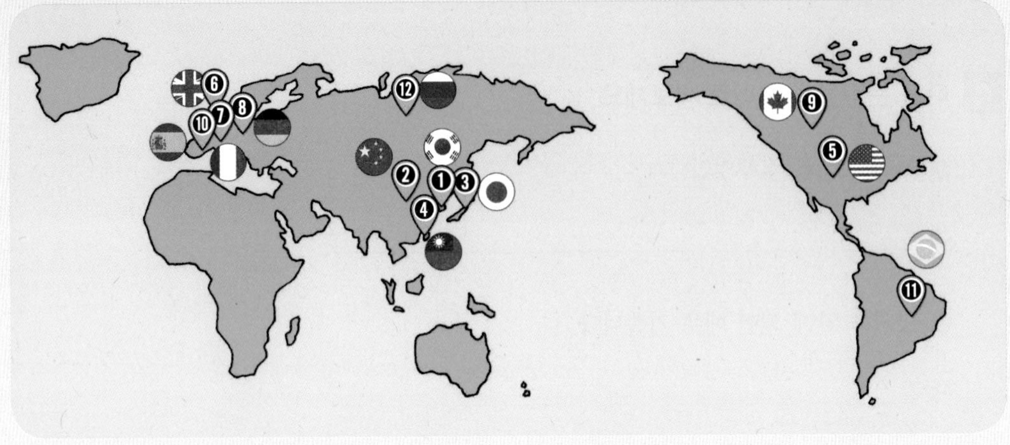

1

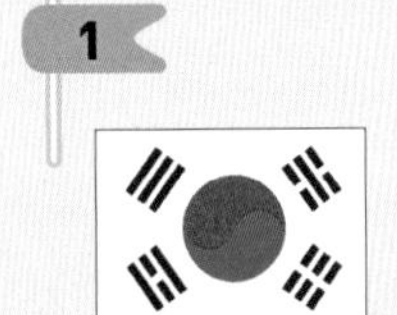

韩国 Hánguó
한국

2

中国 Zhōngguó
중국

3

日本 Rìběn
일본

4

台湾 Táiwān
타이완

5

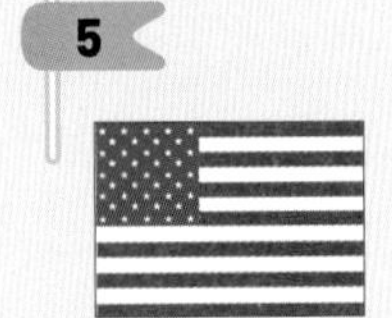

美国 Měiguó
미국

6

英国 Yīngguó
영국

7

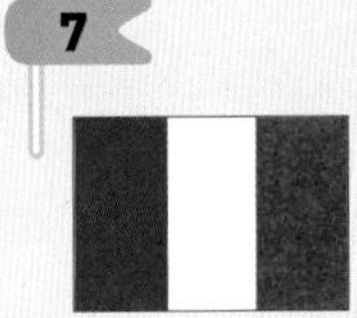

法国 Fǎguó
프랑스

8

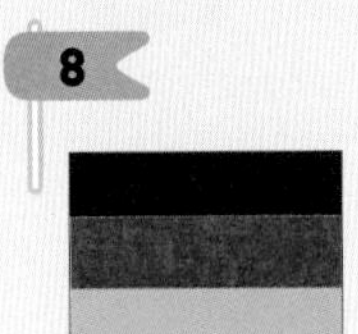

德国 Déguó
독일

9

加拿大 Jiānádà
캐나다

10

西班牙 Xībānyá
스페인

11

巴西 Bāxī
브라질

12

俄罗斯 Éluósī
러시아

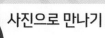

중국 문화

사진으로 만나기

중국인의 호칭

남성에게 사용하는 호칭 先生

우리는 모르는 사람을 부를 때, 아저씨, 아가씨, 학생, 어르신, 심지어는 저기요 등 다양한 호칭을 씁니다. 그러면 중국에서는 모르는 사람을 부를 때 어떤 호칭을 쓸까요?

가장 보편적으로 쓰는 호칭으로는 先生(xiānsheng)과 小姐(xiǎojiě)가 있습니다. 先生은 '교사'라는 의미가 아니라, '김 선생님' 하고 부를 때의 '선생님'과 같은 존칭어로 남성에게 사용합니다. 여성일 경우 '아가씨'라는 뜻의 小姐를 씁니다. 아는 사람이라면 앞에 성을 붙여 李先生, 金小姐라고 부르면 됩니다. 그런데 小姐는 향락업계에 종사하는 젊은 여자들을 지칭하기도 하니 주의하세요.

师傅(shīfu)는 원래 어떤 분야에 기술을 갖고 있는 사람을 지칭했었는데, 지금은 모르는 사람을 부를 때 보편적으로 사용하며, 앞에 성씨를 붙여 王师傅처럼 씁니다. 예를 들어 택시 기사나 요리사는 물론 상점의 점원을 부를 때도 师傅를 쓰면 되지요.

친한 사이일 경우에는 老(lǎo) 또는 小(xiǎo)를 성씨 앞에 붙여 부르기도 하는데요, 자신보다 나이가 많은 사람에게는 老를 쓰고, 자신보다 나이가 어린 사람에게는 小를 쓴답니다.

요리사 등을 부를 때 쓰는 师傅

你家有几口人?

Nǐ jiā yǒu jǐ kǒu rén?

당신의 가족은 몇 명이에요?

학습 미션

회화 가족 수와 구성원을 묻고 답할 수 있다
나이를 묻고 답할 수 있다

어법 有자문 / 나이를 묻는 표현 / 多+형용사 / 개사 在

회화 ★1

- ▢▢ 家 jiā 명 집, 가정
- ▢▢ 有 yǒu 동 가지고 있다
  - ✚ 没有 méiyǒu 없다
- ▢▢ 几 jǐ 대 몇
- ▢▢ 口 kǒu 양 식구
  - ✚ 几口人 jǐ kǒu rén 몇 식구
- ▢▢ 四 sì 수 4, 넷
  - ✚ 一 yī 1, 하나 | 二 èr 2, 둘 | 三 sān 3, 셋 | 四 sì 4, 넷 | 五 wǔ 5, 다섯 | 六 liù 6, 여섯 | 七 qī 7, 일곱 | 八 bā 8, 여덟 | 九 jiǔ 9, 아홉 | 十 shí 10, 열
- ▢▢ 都 dōu 부 모두
- ▢▢ 和 hé 접 개 ~와, ~과

회화 ★2

- ▢▢ 多 duō 부 얼마나
- ▢▢ 大 dà 형 (나이가) 많다
  - ✚ 多大 duō dà (나이가) 얼마인가
- ▢▢ 岁 suì 양 살, 세[나이를 세는 단위]
- ▢▢ 做 zuò 동 하다, 일하다
- ▢▢ 工作 gōngzuò 명 일 동 일하다
- ▢▢ 在 zài 개 ~에서
- ▢▢ 电视台 diànshìtái 명 방송국

회화 1 가족 수 묻기

大韩 你家有[1]几口人?
Dàhán Nǐ jiā yǒu jǐ kǒu rén?

安娜 我家有四口人。
Ānnà Wǒ jiā yǒu sì kǒu rén.

大韩 都有什么人?
Dàhán Dōu yǒu shénme rén?

安娜 爸爸、妈妈、哥哥和我。
Ānnà Bàba、māma、gēge hé wǒ.

你家有几口人?

가족 수를 물을 때 쓰는 표현입니다. 여기서 口(kǒu)는 '식구'라는 뜻으로 가족 수를 세는 양사이고, 几는 '몇'이라는 뜻으로 10미만의 적은 수량을 물을 때 사용합니다.

都有什么人?

가족을 구성하고 있는 구성원에 대해 물을 때는 '你家有什么人?'이라는 표현을 씁니다. 앞 문장에서 언급한 주어를 생략하고 간단하게 '都有什么人?'이라고 물어도 됩니다.

회화★2 나이와 직업 묻기

大韩 你哥哥多大?❷❸
Dàhán Nǐ gēge duō dà?

安娜 他28岁。
Ānnà Tā èrshíbā suì.

大韩 他做什么工作?
Dàhán Tā zuò shénme gōngzuò?

安娜 他在❹电视台工作。
Ānnà Tā zài diànshìtái gōngzuò.

중국 속으로!

중국은 정말 자녀를 한 명만 낳아요?

넓은 땅만큼이나 많은 사람들이 살고 있는 중국! 넘쳐 나는 인구로 인해 중국에서는 한 자녀 정책을 시행했었어요. 특히 중국 인구의 반 이상을 차지하고 있는 한족의 경우에는 둘째 아이를 낳으면 벌금을 물어야 했죠. 하지만 노동 인구 감소, 고령화 사회 진입 등의 문제로 중국 정부는 2016년부터 한 자녀 정책을 폐지했어요.

실력 다지기 어법

1 有자문

有가 술어로 쓰인 문장을 有자문이라고 합니다. 有는 '~이 있다', '~을 가지고 있다'는 뜻의 동사로 소유나 존재를 나타냅니다. 有의 부정형은 '~이 없다'라는 뜻의 没有(méiyǒu)입니다.

긍정문	주어 + 有 + 목적어	我有铅笔。 나는 연필이 있습니다. Wǒ yǒu qiānbǐ.
부정문	주어 + 没有 + 목적어	我没有铅笔。 나는 연필이 없습니다. Wǒ méiyǒu qiānbǐ.
일반의문문	주어 + 有 + 목적어 + 吗?	你有铅笔吗? 당신은 연필이 있습니까? Nǐ yǒu qiānbǐ ma?
정반의문문	주어 + 有没有 + 목적어?	你有没有铅笔? 당신은 연필이 있습니까, 없습니까? Nǐ yǒu méiyǒu qiānbǐ?

바로바로 체크 다음 사진을 보고 有 또는 没有를 넣어 대화를 완성하세요.

①

A 你有妹妹吗?

B 我________妹妹。

②

A 你有手机吗?

B 我________手机。

2 나이를 묻는 표현

중국어로 나이를 묻는 표현은 대상에 따라 다양합니다.

① 10세 미만의 어린아이에게 물을 때

A 你几岁? 너는 몇 살이니?
Nǐ jǐ suì?

B 我八岁。 저는 8살이에요.
Wǒ bā suì.

❷ 동년배에게 물을 때

A 你多大?
Nǐ duō dà?
나이가 어떻게 되세요?

B 我25岁。
Wǒ èrshíwǔ suì.
저는 25살이에요.

❸ 연세가 많은 어른에게 물을 때

A 您多大年纪?
Nín duō dà niánjì?
연세가 어떻게 되세요?

B 我80岁。
Wǒ bāshí suì.
여든이란다.

바로바로 체크 다음 질문에 알맞은 대답을 연결하세요.

① 你多大?	A 我六十九岁。
② 你几岁?	B 我七岁。
③ 您多大年纪?	C 我二十二岁。

3 多+형용사

'多+단음절 형용사' 형식은 '얼마나 ~하나요?'라는 의미로, 정도를 물을 때 사용합니다.

	A	B
나이	你多大? 나이가 어떻게 되세요? Nǐ duō dà?	三十岁。 30살이에요. Sānshí suì.
키	你多高? 키가 얼마예요? Nǐ duō gāo?	一米八。 1미터 80이에요. Yì mǐ bā.
몸무게	你多重? 몸무게가 얼마나 되나요? Nǐ duō zhòng?	六十公斤。 60킬로그램이에요. Liùshí gōngjīn.

단어 铅笔 qiānbǐ 명 연필 | 年纪 niánjì 명 나이, 연세 | 米 mǐ 양 미터(m) | 重 zhòng 형 무겁다 | 公斤 gōngjīn 양 킬로그램(kg)

바로바로 체크 다음 중 알맞은 단어를 넣어 대화를 완성하세요.

高　　大　　重

① A 你多________?
   B 四十八公斤。

② A 你多________?
   B 一米六。

4 개사 在

개사는 명사, 대사 등과 결합하여 개사구를 이루며, 주로 동사 앞에 쓰여 부사어 역할을 합니다. 在는 '~에서'라는 뜻으로 뒤에는 장소를 나타내는 단어가 옵니다.

我在首尔工作。 나는 서울에서 일합니다.
Wǒ zài Shǒu'ěr gōngzuò.

他在图书馆看书。 그는 도서관에서 책을 봅니다.
Tā zài túshūguǎn kàn shū.

바로바로 체크 제시된 단어를 배열하여 문장을 만드세요.

① 在　吃　我们　饭　饭馆儿 → ________________

② 爸爸　工作　在　公司 → ________________

단어 首尔 Shǒu'ěr 고유 서울 | 饭 fàn 명 밥, 식사 | 公司 gōngsī 명 회사

표현 키우기

확장 연습

⊕ 제시된 표현을 자연스럽게 따라 읽으며 중국어의 문장 구조를 익혀 보세요.

1

四口人
sì kǒu rén

有四口人
yǒu sì kǒu rén

我家有四口人。
Wǒ jiā yǒu sì kǒu rén.

교체해 보세요

- 三 sān 3, 셋
- 五 wǔ 5, 다섯
- 六 liù 6, 여섯

2

电视台
diànshìtái

在电视台
zài diànshìtái

在电视台工作
zài diànshìtái gōngzuò

他在电视台工作。
Tā zài diànshìtái gōngzuò.

교체해 보세요

- 公司 gōngsī 회사
- 医院 yīyuàn 병원
- 学校 xuéxiào 학교

다음을 중국어로 말해 보세요.

- 우리 가족은 다섯 식구예요. → ______________________
- 그는 학교에서 일해요. → ______________________

⊕ 다음 그림을 보고 방에 있는 사물에 대해 말해 보세요.

1

보기

有没有椅子? 의자가 있나요, 없나요?
Yǒu méiyǒu yǐzi?

ⓐ

有椅子。 의자가 있어요.
Yǒu yǐzi.

ⓑ

没有椅子。 의자가 없어요.
Méiyǒu yǐzi.

❶ 有没有________?
Yǒu méiyǒu

ⓐ → __________。 ⓑ → __________。

❷ 有没有________?
Yǒu méiyǒu

ⓐ → __________。 ⓑ → __________。

❸ 有没有________?
Yǒu méiyǒu

ⓐ → __________。 ⓑ → __________。

❹ 有没有________?
Yǒu méiyǒu

ⓐ → __________。 ⓑ → __________。

단어 电脑 diànnǎo 명 컴퓨터

⊕ 다음 그림을 보고 질문에 답해 보세요.

2

❶ 他家有几口人?
Tā jiā yǒu jǐ kǒu rén?

➔ ______________________________。

❷ 都有什么人?
Dōu yǒu shénme rén?

➔ ______________________________。

3

❶ 她有弟弟吗?
Tā yǒu dìdi ma?

➔ ______________________________。

❷ 他几岁?
Tā jǐ suì?

➔ ______________________________。

4

❶ 她家有几口人?
Tā jiā yǒu jǐ kǒu rén?

➔ ______________________________。

❷ 她爸爸做什么工作?
Tā bàba zuò shénme gōngzuò?

➔ ______________________________。

5

❶ 他在哪儿工作?
Tā zài nǎr gōngzuò?

➔ ______________________________。

❷ 他多大?
Tā duō dà?

➔ ______________________________。

단어 大夫 dàifu 명 의사

1 녹음을 듣고 빈칸에 알맞은 단어를 넣어 문장을 완성하세요.

❶ 我家有__________人。

❷ 爸爸是__________，妈妈是__________。

❸ __________是学生。

2 다음 질문에 알맞은 대답을 고르세요.

❶ 她家有几口人?	☐	A 爸爸、妈妈、妹妹和我。
❷ 你家都有什么人?	☐	B 我二十三岁。
❸ 你多大?	☐	C 她家有五口人。

3 본문 회화에 근거하여 빈칸의 내용을 채워 보세요.

❶ 我家有__________人。
爸爸、__________、__________和我。

❷ 哥哥__________岁，他在____________工作。

4 다음 문장을 중국어로 써보세요.

① 저는 남동생이 없습니다.

⇢ ____。

② 당신은 무슨 일을 하나요?

⇢ ____?

③ 나는 병원에서 일합니다.

⇢ ____。

5 〈보기〉의 내용을 참고하여 가족에 대한 대화를 연습해 보세요.

보기

A 你家有几口人?

B 我家有<u>四口人</u>。

A 都有什么人?

B <u>爸爸、妈妈、哥哥和我</u>。

①

②

중국 노래

열 꼬마 인디언

十个印第安人

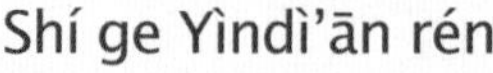

Shí ge Yìndì'ān rén

一个两个三个印第安
yí ge liǎng ge sān ge Yìndì'ān

四个五个六个印第安
sì ge wǔ ge liù ge Yìndì'ān

七个八个九个印第安
qī ge bā ge jiǔ ge Yìndì'ān

一共十个人
yígòng shí ge rén

十个九个八个印第安
shí ge jiǔ ge bā ge Yìndì'ān

七个六个五个印第安
qī ge liù ge wǔ ge Yìndì'ān

四个三个两个印第安
sì ge sān ge liǎng ge Yìndì'ān

剩下几个人
shèngxià jǐ ge rén

열 꼬마 인디언

한 꼬마 두 꼬마 세 꼬마 인디언
네 꼬마 다섯 꼬마 여섯 꼬마 인디언
일곱 꼬마 여덟 꼬마 아홉 꼬마 인디언
모두 열 꼬마 인디언

열 꼬마 아홉 꼬마 여덟 꼬마 인디언
일곱 꼬마 여섯 꼬마 다섯 꼬마 인디언
네 꼬마 세 꼬마 두 꼬마 인디언
몇 꼬마 남았을까?

중국 문화

사진으로 만나기

중국의 신세대

산아 제한 정책(计划生育) 포스터

중국의 신세대를 지칭하는 말로 '바링허우(80后 bā líng hòu)', '주링허우(90后 jiǔ líng hòu)'와 '링링허우(00后 líng líng hòu)'가 있습니다.

바링허우는 1980년대에 태어난 세대를 지칭합니다. 한 가구에 한 자녀만 낳는 산아 제한 정책(计划生育 jìhuà shēngyù)이 시행된 이후에 태어난 외동아들, 외동딸로 조부모와 부모의 사랑을 독차지하며 자란 세대이지요. 중국이 물질적으로 풍요를 누리고 해외와 교류하기 시작하는 시기에 태어난 바링허우는 정치적·사상적으로 자유롭고 개방적인 사고방식을 가지고 있습니다.

주링허우는 1990년대에 태어난 세대를 지칭합니다. 어릴 때부터 경제적으로 풍족한 환경에서 자란 세대로 해외 문화에 개방적이며 자신만의 개성을 추구하는 세대입니다. 이들은 인터넷과 SNS 사용에 익숙하고 IT와 패션에 관심이 많습니다.

링링허우는 2000년에서 2009년에 태어난 세대로 한 자녀 정책이 폐지되기 전에 태어난 마지막 소황제 세대입니다. 어린 시절에 베이징올림픽을 개최한 강대국 이미지의 중국을 보고 자라서 국가에 대한 충성심이 높고, 인터넷과 모바일 문화에 익숙하고 개인적인 성향도 강한 편입니다.

부모로부터 과보호를 받고 자란 소황제 세대

문화적 풍요를 누리는 중국의 젊은 세대

你每天早上干什么?

Nǐ měi tiān zǎoshang gàn shénme?

당신은 매일 아침 무엇을 하나요?

학습 미션

회화 여러 가지 시간사를 말할 수 있다
시간을 묻고 답할 수 있다

어법 여러 가지 시간사 / 为什么 / 시간 표현법

회화 ★1

- □□ 每天 měi tiān 명 매일
- □□ 早上 zǎoshang 명 아침
  - ✚ 中午 zhōngwǔ 점심 | 晚上 wǎnshang 저녁, 밤
- □□ 干 gàn 동 하다
- □□ 跑步 pǎo bù 동 달리다, 조깅을 하다
- □□ 为什么 wèishénme 대 왜, 어째서
- □□ 锻炼 duànliàn 동 (몸을) 단련하다
- □□ 身体 shēntǐ 명 건강, 신체

회화 ★2

- □□ 今天 jīntiān 명 오늘
- □□ 点 diǎn 명 시
  - ✚ 分 fēn 분 | 秒 miǎo 초
- □□ 下课 xià kè 동 수업이 끝나다, 수업을 마치다
  - ✚ 上课 shàng kè 수업하다, 수업을 듣다
- □□ 下午 xiàwǔ 명 오후
- □□ 两 liǎng 수 2, 둘
- □□ 课 kè 명 수업

회화 ★1 일과 묻기1

安娜 你每天早上[1]干什么?

Ānnà Nǐ měi tiān zǎoshang gàn shénme?

马克 我每天早上跑步。

Mǎkè Wǒ měi tiān zǎoshang pǎo bù.

安娜 为什么[2]?

Ānnà Wèishénme?

马克 我锻炼身体。

Mǎkè Wǒ duànliàn shēntǐ.

회화★2 일과 묻기2

Track08-03

小美 你今天几点下课?
Xiǎoměi Nǐ jīntiān jǐ diǎn xià kè?

大韩 我下午两点③下课。
Dàhán Wǒ xiàwǔ liǎng diǎn xià kè.

小美 你明天有课吗?
Xiǎoměi Nǐ míngtiān yǒu kè ma?

大韩 不，明天没有课。
Dàhán Bù, míngtiān méiyǒu kè.

중국 속으로!

중국식 아침 식사를 맛보세요

대부분의 중국 사람들은 집 근처 노점이나 식당에서 아침 식사를 해요. 노점은 새벽 5시부터 영업을 한답니다. 대표적인 음식으로는 油条(yóutiáo 유타오), 粥(zhōu 죽), 馄饨(húntun 훈툰), 豆浆(dòujiāng 콩국), 包子(bāozi (소가 든) 찐빵) 등이 있습니다.

실력 다지기 어법

1 여러 가지 시간사

아침	오전	정오	오후	저녁, 밤
早上 zǎoshang	上午 shàngwǔ	中午 zhōngwǔ	下午 xiàwǔ	晚上 wǎnshang
그저께	**어제**	**오늘**	**내일**	**모레**
前天 qiántiān	昨天 zuótiān	今天 jīntiān	明天 míngtiān	后天 hòutiān
재작년	**작년**	**올해, 금년**	**내년**	**후년**
前年 qiánnián	去年 qùnián	今年 jīnnián	明年 míngnián	后年 hòunián

A 你什么时候去中国? 당신은 언제 중국에 가나요?
Nǐ shénme shíhou qù Zhōngguó?

B 我明年去中国。 저는 내년에 중국에 가요.
Wǒ míngnián qù Zhōngguó.

바로바로 체크 빈칸에 알맞은 중국어 또는 뜻을 쓰세요.

① ______ → 아침　② 晚上 → ______

③ 今天 → ______　④ ______ → 내일

⑤ ______ → 작년　⑥ 明年 → ______

2 为什么

'왜', '어째서'라는 뜻으로, 원인 또는 목적을 묻는 의문대사입니다.

你为什么学汉语? 당신은 왜 중국어를 배워요?
Nǐ wèishénme xué Hànyǔ?

你为什么不去? 당신은 왜 안 가요?
Nǐ wèishénme bú qù?

바로바로 체크 다음 중 알맞은 단어를 넣어 문장을 완성하세요.

为什么　　什么　　怎么样

① 这是__________菜?

② 你__________不吃饭?

③ 中国菜__________?

3 시간 표현법

❶ 시간을 표현할 때 '시'는 숫자 뒤에 点(diǎn)을 써서 나타냅니다. 2시는 两点으로 읽습니다.

1시	2시	3시	4시	5시	6시
一点 yī diǎn	两点 liǎng diǎn	三点 sān diǎn	四点 sì diǎn	五点 wǔ diǎn	六点 liù diǎn
7시	**8시**	**9시**	**10시**	**11시**	**12시**
七点 qī diǎn	八点 bā diǎn	九点 jiǔ diǎn	十点 shí diǎn	十一点 shíyī diǎn	十二点 shí'èr diǎn

❷ '분'은 숫자 뒤에 分(fēn)을 써서 나타냅니다. 우리말에서 '30분'을 '반'이라고 말하는 것처럼 중국어에서도 三十分을 半(bàn)이라고 말할 수 있습니다. 이 외에도 15분을 一刻, 45분을 三刻로 쓸 수 있습니다. 그러나 30분은 两刻라고 하지 않습니다.

5분	15분	30분	45분	55분
(零)五分 (líng) wǔ fēn	十五分 shíwǔ fēn (= 一刻 yí kè)	三十分 sānshí fēn (= 半 bàn)	四十五分 sìshíwǔ fēn (= 三刻 sān kè)	五十五分 wǔshíwǔ fēn

단어 什么时候 shénme shíhou 언제 | 刻 kè 양 15분 | 零 líng 수 0, 영

A 现在几点?　　　지금 몇 시예요?
Xiànzài jǐ diǎn?

B 现在七点二十分。　　　지금은 7시 20분이에요.
Xiànzài qī diǎn èrshí fēn.

❸ '○시 ○분 전'이라는 표현은 '모자라다', '부족하다'라는 뜻의 差(chà)를 써서 나타냅니다.

差五分两点　2시 5분 전
chà wǔ fēn liǎng diǎn

差一刻九点　9시 15분 전
chà yí kè jiǔ diǎn

바로바로 체크 다음 시각을 중국어로 말해 보세요.

① ____________

② ____________

③ ____________

단어 现在 xiànzài 명 지금, 현재 | 差 chà 동 모자라다, 부족하다

표현 키우기

확장 연습

⊕ 제시된 표현을 자연스럽게 따라 읽으며 중국어의 문장 구조를 익혀 보세요.

1

下课
xià kè

几点下课
jǐ diǎn xià kè

你几点下课?
Nǐ jǐ diǎn xià kè?

교체해 보세요

- 下班 xià bān 퇴근하다
- 起床 qǐ chuáng 일어나다
- 睡觉 shuì jiào 잠자다

2

两点
liǎng diǎn

两点下课
liǎng diǎn xià kè

我两点下课。
Wǒ liǎng diǎn xià kè.

교체해 보세요

- 四点三刻 sì diǎn sān kè 4시 45분
- 五点 wǔ diǎn 5시
- 八点半 bā diǎn bàn 8시 반

다음을 중국어로 말해 보세요.

- 당신은 몇 시에 일어나요? ⇢ ____________________
- 나는 5시에 수업이 끝나요. ⇢ ____________________

⊕ 다음 그림을 보고 〈보기〉와 같이 문장을 만들어 보세요.

1

	일	월	화	수	목	금	토
早上 아침			도서관	중국어 학원 今天	등교		
晚上 저녁		기숙사		친구네 집	영화	술	

보기 他 今天早上 去汉语补习班。 그는 오늘 아침에 중국어 학원에 갑니다.
Tā jīntiān zǎoshang qù Hànyǔ bǔxíbān.

❶ 他什么时候去朋友家?
Tā shénme shíhou qù péngyou jiā?

➔ ____________________。

❷ 他什么时候看电影?
Tā shénme shíhou kàn diànyǐng?

➔ ____________________。

❸ 他前天晚上在哪儿?
Tā qiántiān wǎnshang zài nǎr?

➔ ____________________。

❹ 他昨天早上在哪儿?
Tā zuótiān zǎoshang zài nǎr?

➔ ____________________。

❺ 他后天晚上干什么?
Tā hòutiān wǎnshang gàn shénme?

➔ ____________________。

❻ 他什么时候去学校?
Tā shénme shíhou qù xuéxiào?

➔ ____________________。

단어 补习班 bǔxíbān 명 학원 | 电影 diànyǐng 명 영화

2 대한이의 하루

보기 他 早上六点零五分起床。그는 아침 6시 5분에 일어납니다.
Tā zǎoshang liù diǎn líng wǔ fēn qǐ chuáng.

❶ 他早上＿＿＿＿＿＿＿＿＿。
Tā zǎoshang

❷ 他上午＿＿＿＿＿＿＿＿＿。
Tā shàngwǔ

❸ 他中午＿＿＿＿＿＿＿＿＿。
Tā zhōngwǔ

❹ 他下午＿＿＿＿＿＿＿＿＿。
Tā xiàwǔ

❺ 他下午＿＿＿＿＿＿＿＿＿。
Tā xiàwǔ

❻ 他晚上＿＿＿＿＿＿＿＿＿。
Tā wǎnshang

❼ 他晚上＿＿＿＿＿＿＿＿＿。
Tā wǎnshang

단어 早饭 zǎofàn 명 아침 식사 | 上课 shàng kè 동 수업하다, 수업을 듣다 | 午饭 wǔfàn 명 점심 식사 | 玩儿电脑 wánr diànnǎo 컴퓨터를 하다

실력 쌓기

연습문제

1 녹음을 듣고 내용이 일치하는 것끼리 연결하세요.

❶ 每天早上	•	•	A 去朋友家
❷ 每天晚上	•	•	B 去中国
❸ 后天	•	•	C 喝咖啡
❹ 后年	•	•	D 看电视

2 다음 질문에 알맞은 대답을 고르세요.

❶ 你每天晚上干什么?	☐	A 晚上十一点睡觉。
❷ 你明天有课吗?	☐	B 我锻炼身体。
❸ 你几点睡觉?	☐	C 不，明天没有课。

Track08-08

3 녹음을 듣고 문장을 완성하세요.

❶ 我今天__________起床。__________吃早饭。__________去学校。

❷ 我每天__________上课，__________下课。

❸ 爸爸早上__________上班，晚上__________下班。

4 다음 문장을 중국어로 써보세요.

❶ 저는 매일 아침 도서관에 갑니다.

→ ____。

❷ 당신은 매일 몇 시에 학교에 갑니까?

→ ____?

❸ 저는 매일 아침 6시 45분에 일어납니다.

→ ____。

5 〈보기〉의 내용을 참고하여 일과를 묻는 대화를 연습해 보세요.

보기

A 你每天早上干什么?
B 我每天早上跑步。

A 你今天几点下课?
B 我下午两点下课。

❶ 

❷  

단어 上班 shàng bān 동 출근하다 | 游泳 yóu yǒng 동 수영하다 | 太极拳 tàijíquán 명 태극권

테마 단어

일상생활

起床 qǐ chuáng
일어나다

刷牙 shuā yá
이를 닦다

洗脸 xǐ liǎn
세수하다

梳头 shū tóu
머리를 빗다

穿衣服 chuān yīfu
옷을 입다

睡觉 shuì jiào
잠자다

중국 문화

사진으로 만나기

중국의 명절1
元旦, 除夕, 春节

춘절맞이 등불 축제

새해 첫날인 1월 1일을 중국에서는 원단(元旦 Yuándàn)이라고 합니다. 하지만 중국의 진정한 '설'은 바로 음력 1월 1일인 춘절(春节 Chūnjié)입니다. 춘절은 중국인이 가장 중요시하는 명절인데요, 보통 보름 정도의 긴 휴가 기간을 갖습니다. 춘절에는 각 지역에 흩어졌던 가족들이 모두 고향 집으로 돌아가기 때문에 귀성 인파로 많이 붐비지요.

춘절 전날인 음력 12월 31일 섣달그믐날 밤(除夕 Chúxī)에 온 가족이 모여 먹는 저녁을 年夜饭(niányèfàn)이라고 합니다. 식사 후에는 가족들끼리 이야기를 나누거나 마작을 즐기거나 春节联欢晚会(Chūnjié Liánhuān Wǎnhuì)와 같은 춘절 특집 프로그램을 시청하며 밤을 새기도 합니다. 새해가 되면 여기저기서 폭죽을 터뜨리는데요, 낡은 것은 날려 버리고 나쁜 기운이 못 들어오게 하기 위해서라네요. 베이징을 비롯한 대도시에서는 대기 오염과 안전성 문제로 폭죽 놀이를 제한 또는 금지하고 있지만 사실상 잘 지켜지지 않고 있습니다.

춘절에는 축복하는 글귀를 쓴 대련(对联 duìlián)을 문 양옆에 붙이는데요, 춘절에 붙이는 것은 춘련(春联 chūnlián)이라고 합니다. 문에는 福(fú)자를 거꾸로 붙이는데, 倒(dào 거꾸로 되다)와 到(dào 도착하다)의 발음이 같아 '복이 온다'라는 의미가 있습니다.

중국에서는 춘절 아침에 교자(饺子 jiǎozi)를 먹습니다. 속에 동전, 땅콩, 사탕 등을 몰래 넣기도 하는데요, 그것을 골라 먹는 사람은 복을 받는다고 합니다. 또 가족이나 이웃들과 덕담을 나누는 새해 인사(拜年 bài nián)를 하고 어린아이들에게는 세뱃돈(压岁钱 yāsuìqián)을 준답니다.

춘련(春联)

你的生日是几月几号?

Nǐ de shēngrì shì jǐ yuè jǐ hào?

당신의 생일은 몇 월 며칠이에요?

학습 미션

회화 날짜를 묻고 답할 수 있다
제안 표현을 말할 수 있다

어법 연월일 및 요일 표시법 / 명사술어문 / 어기조사 吧 / 개사 给

회화 ★1

- □□ 生日 shēngrì 명 생일
- □□ 月 yuè 명 월, 달
  - ✚ 年 nián 해, 년
- □□ 号 hào 명 일, 날짜
- □□ 就 jiù 부 바로
- □□ 真的 zhēnde 부 정말
- □□ 祝 zhù 동 기원하다, 빌다
- □□ 快乐 kuàilè 형 즐겁다, 행복하다
  - ✚ 生日快乐! Shēngrì kuàilè! 생일 축하해요!

회화 ★2

- □□ 我们 wǒmen 대 우리(들)
- □□ 百货商店 bǎihuò shāngdiàn 명 백화점
- □□ 吧 ba 조 ~하세요, ~합시다 [문장 끝에 쓰여 청유, 제안, 명령의 어기를 나타내는 어기조사]
- □□ 给 gěi 개 ~에게
- □□ 非常 fēicháng 부 대단히, 아주
- □□ 贵 guì 형 비싸다
  - ✚ 便宜 piányi 싸다, 저렴하다
- □□ 钱 qián 명 돈

참 쉬운 회화

회화★1 날짜 묻기

小美 Xiǎoměi	你的生日是几月几号? Nǐ de shēngrì shì jǐ yuè jǐ hào?
大韩 Dàhán	四月十四号。❶❷ 你呢? Sì yuè shísì hào. Nǐ ne?
小美 Xiǎoměi	今天就是我的生日。 Jīntiān jiù shì wǒ de shēngrì.
大韩 Dàhán	真的? 祝你生日快乐! Zhēnde? Zhù nǐ shēngrì kuàilè!

한 걸음 더 Tip

축하와 기원의 표현

- 生日快乐! 생일 축하해요!
  Shēngrì kuàilè!
- 圣诞节快乐! 메리 크리스마스!
  Shèngdàn Jié kuàilè!
- 周末快乐! 즐거운 주말 보내세요!
  Zhōumò kuàilè!
- 新年快乐! 새해 복 많이 받으세요!
  Xīnnián kuàilè!

회화 ★2 왕푸징 거리에서

小美 今天我们在哪儿买衣服？
Xiǎoměi Jīntiān wǒmen zài nǎr mǎi yīfu?

大韩 去百货商店吧③。我给④你买衣服。
Dàhán Qù bǎihuò shāngdiàn ba. Wǒ gěi nǐ mǎi yīfu.

小美 真的吗？那儿的衣服非常贵。
Xiǎoměi Zhēnde ma? Nàr de yīfu fēicháng guì.

大韩 没关系，我有钱。
Dàhán Méi guānxi, wǒ yǒu qián.

중국 속으로!

중국인이 좋아하는 숫자 8

각 나라마다 행운을 나타내는 숫자가 있죠? 특히 중국인들은 숫자에 민감한 편인데요, 한자의 발음과 비슷한 숫자에 의미를 부여해 좋고 싫음을 나타냅니다. 중국인들이 가장 좋아하는 숫자는 바로 '8'인데요, '八(bā)'가 发财(fā cái 돈을 벌다)의 '发'와 발음이 비슷해서 좋아한다고 해요. 숫자 8이 많이 들어간 차 번호판과 핸드폰 번호를 비싼 돈을 주고 사기도 하고요, 8월 8일을 길일로 여겨 많은 커플들이 이날에 결혼을 한답니다.

1 연월일 및 요일 표시법

❶ 연도를 읽을 때는 숫자를 하나하나 읽으면 됩니다.

一九九八年 yī jiǔ jiǔ bā nián 1998년
二零二五年 èr líng èr wǔ nián 2025년

❷ '월'은 月를 써서 나타냅니다.

1월	2월	3월	4월	5월	6월
一月 yī yuè	二月 èr yuè	三月 sān yuè	四月 sì yuè	五月 wǔ yuè	六月 liù yuè
7월	**8월**	**9월**	**10월**	**11월**	**12월**
七月 qī yuè	八月 bā yuè	九月 jiǔ yuè	十月 shí yuè	十一月 shíyī yuè	十二月 shí'èr yuè

❸ '일'은 号나 日(rì 일, 날)를 써서 나타내는데, 구어에서는 주로 号를 씁니다.

1일	2일	3일	…	10일	11일	…	30일	31일
一号 yī hào	二号 èr hào	三号 sān hào	…	十号 shí hào	十一号 shíyī hào	…	三十号 sānshí hào	三十一号 sānshíyī hào

❹ 星期(xīngqī 주, 요일) 뒤에 숫자 一부터 六까지 차례로 써서 월요일부터 토요일까지 나타냅니다. 일요일은 星期天 혹은 星期日라고 하는데, 구어에서는 보통 星期天을 씁니다.

월요일	화요일	수요일	목요일	금요일	토요일	일요일
星期一 xīngqīyī	星期二 xīngqī'èr	星期三 xīngqīsān	星期四 xīngqīsì	星期五 xīngqīwǔ	星期六 xīngqīliù	星期天(日) xīngqītiān(rì)

A 今天几月几号，星期几? 오늘은 몇 월 며칠, 무슨 요일입니까?
Jīntiān jǐ yuè jǐ hào, Xīngqī jǐ?

B 今天(是)二月十四号星期六。 오늘은 2월 14일 토요일입니다.
Jīntiān (shì) èr yuè shísì hào xīngqīliù.

바로바로 체크 다음을 중국어로 말해 보세요.

① 1982년 1월 9일 토요일 → ____________

② 2002년 6월 23일 일요일 → ____________

③ 2015년 12월 31일 목요일 → ____________

2 명사술어문

명사(구), 수량사 등이 술어의 주요 성분인 문장을 명사술어문이라고 합니다. 주로 날짜, 요일, 시간, 가격 등을 나타낼 때 쓰는데, 긍정문에서는 是를 생략할 수 있지만, 부정문에서는 是를 생략할 수 없습니다.

주어 술어

今天(是)四月八号。 오늘은 4월 8일입니다.
Jīntiān (shì) sì yuè bā hào.

今天不是四月八号。 오늘은 4월 8일이 아닙니다.
Jīntiān bú shì sì yuè bā hào.

바로바로 체크 다음을 보고 질문에 답해 보세요.

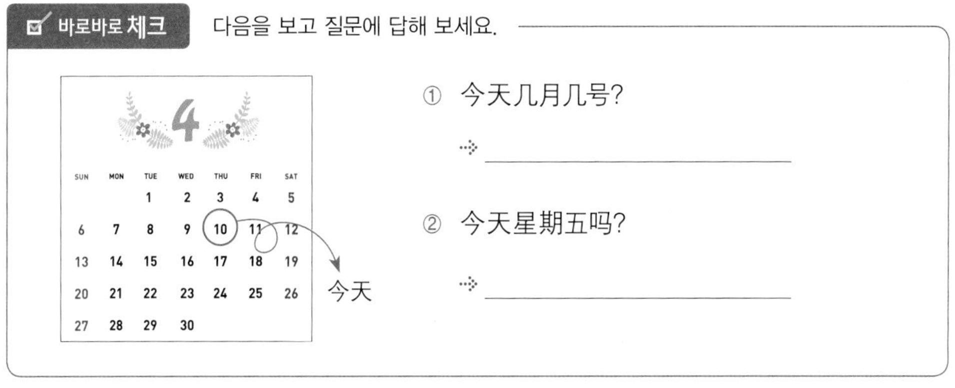

① 今天几月几号?

→ ____________

② 今天星期五吗?

→ ____________

단어 年 nián 명 해, 년

3 어기조사 吧

吧는 문장 끝에 쓰여 '~하세요', '~합시다'의 가벼운 명령이나 제안의 어감을 나타내거나 '~이죠'의 추측의 의미를 나타냅니다.

我们去百货商店吧。　우리 백화점에 갑시다.
Wǒmen qù bǎihuò shāngdiàn ba.

你们快去吧。　당신들 빨리 가세요.
Nǐmen kuài qù ba.

你是中国人吧?　당신은 중국인이죠?
Nǐ shì Zhōngguórén ba?

바로바로 체크 다음 문장을 해석해 보세요.

① 今天是星期六吧? → ____________

② 我们去书店吧。 → ____________

4 개사 给

给는 '~에게'라는 뜻으로, '给+사람' 형식으로 쓰입니다.

我给男朋友打电话。　나는 남자 친구에게 전화를 합니다.
Wǒ gěi nánpéngyou dǎ diànhuà.

我给他买电脑。　나는 그에게 컴퓨터를 사줍니다.
Wǒ gěi tā mǎi diànnǎo.

바로바로 체크 제시된 단어를 배열하여 문장을 만드세요.

① 给我　做菜　爸爸 → ____________

② 我　买　给弟弟　小说 → ____________

단어 快 kuài 형 빠르다 부 빨리, 어서 | 男朋友 nánpéngyou 명 남자 친구 | 打电话 dǎ diànhuà 전화를 걸다 | 做菜 zuò cài 요리를 하다 | 小说 xiǎoshuō 명 소설책

표현 키우기

확장 연습

⊕ 제시된 표현을 자연스럽게 따라 읽으며 중국어의 문장 구조를 익혀 보세요.

1

四月十四号
sì yuè shísì hào

生日是四月十四号
shēngrì shì sì yuè shísì hào

我的生日是四月十四号。
Wǒ de shēngrì shì sì yuè shísì hào.

- 一月二号
  yī yuè èr hào 1월 2일
- 八月十三号
  bā yuè shísān hào 8월 13일
- 十月二十九号
  shí yuè èrshíjiǔ hào 10월 29일

2

买衣服
mǎi yīfu

给你买衣服
gěi nǐ mǎi yīfu

我给你买衣服。
Wǒ gěi nǐ mǎi yīfu.

교체해 보세요

- 女朋友 nǚpéngyou 여자 친구
- 女儿 nǚ'ér 딸
- 爸爸 bàba 아빠, 아버지

다음을 중국어로 말해 보세요.

- 내 생일은 8월 13일이에요. ⇢ ____________________
- 나는 여자 친구에게 옷을 사줍니다. ⇢ ____________________

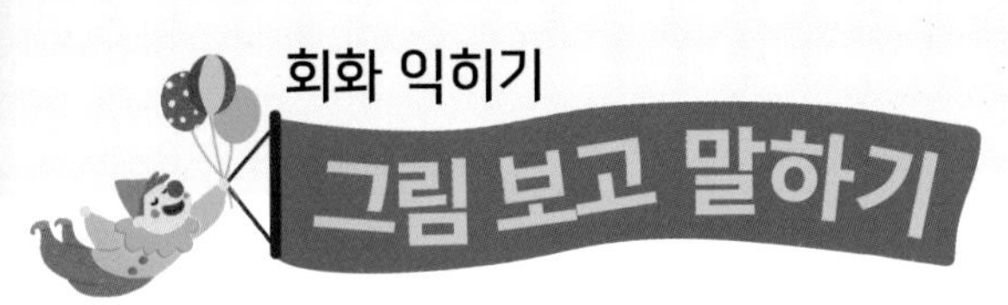

⊕ 다음 그림을 보고 질문에 답해 보세요.

1

5월

星期天	星期一	星期二	星期三	星期四	星期五	星期六
					1	2
3	4	5 어린이날	6	7	8 어버이날	9
10	11	12	13 여자 친구 생일	14	15 스승의 날	16
17	18	19 누나 생일	20	21	22	23
24/31	25 아빠 생신	26	27	28 今天	29	30

보기

A 今天几月几号? 星期几? 오늘은 몇 월 며칠 무슨 요일입니까?
Jīntiān jǐ yuè jǐ hào? Xīngqī jǐ?

B 今天五月二十八号，星期四。 오늘은 5월 28일 목요일입니다.
Jīntiān wǔ yuè èrshíbā hào, xīngqīsì.

❶ A 后天几月几号? 星期几?
Hòutiān jǐ yuè jǐ hào? Xīngqī jǐ?

B ______________________。

❷ A 爸爸的生日是几月几号? 星期几?
Bàba de shēngrì shì jǐ yuè jǐ hào? Xīngqī jǐ?

B ______________________。

❸ A 儿童节是几月几号? 星期几?
Értóng Jié shì jǐ yuè jǐ hào? Xīngqī jǐ?

B ______________________。

❹ A 母亲节(父亲节)是几月几号? 星期几?
Mǔqīn Jié(Fùqīn Jié) shì jǐ yuè jǐ hào? Xīngqī jǐ?

B ______________________。

❺ A 教师节是几月几号? 星期几?
Jiàoshī Jié shì jǐ yuè jǐ hào? Xīngqī jǐ?

B ______________________。

단어 儿童节 Értóng Jié 명 어린이날 | 母亲节 Mǔqīn Jié 명 어머니의 날 | 父亲节 Fùqīn Jié 명 아버지의 날 | 教师节 Jiàoshī Jié 명 스승의 날

⊕ 다음 그림을 보고 〈보기〉와 같이 말해 보세요.

2

A 大韩在哪儿玩儿电脑?
Dàhán zài nǎr wánr diànnǎo?
대한이는 어디에서 컴퓨터를 합니까?

B 他 在网吧玩儿电脑。
Tā zài wǎngbā wánr diànnǎo.
그는 PC방에서 컴퓨터를 합니다.

❶

A 哥哥在哪儿吃饭?
Gēge zài nǎr chī fàn?

B ______________________。

❷

A 妈妈给谁做菜?
Māma gěi shéi zuò cài?

B ______________________。

❸

A 爸爸在哪儿买鞋?
Bàba zài nǎr mǎi xié?

B ______________________。

❹

A 姐姐给谁打电话?
Jiějie gěi shéi dǎ diànhuà?

B ______________________。

鞋 xié 명 신발

실력 쌓기
연습문제

Track09-07

1 녹음을 듣고 질문에 답하세요.

2023년

9월

Sun	Mon	Tue	Wed	Thu	Fri	Sat
					1	2
3	4	5	6	7	8	9
10	11	12	13	14	15	16
17	18	19	20	21	(22)	23
24	25	26	27	28	29	30

今天

❶ ________________

❷ ________________

❸ ________________

❹ ________________

2 다음 질문에 알맞은 대답을 고르세요.

❶ 今天是七月二十号吗? ☐

❷ 明天星期几? ☐

❸ 妈妈的生日是几月几号? ☐

A 星期五。

B 不是，今天是七月二十一号。

C 十二月六号。

3 다음 〈보기〉 중에서 빈칸에 알맞은 단어를 고르세요.

보기　给　　在　　吧

❶ 我们看京剧________。

❷ 妈妈________我买手机。

❸ 我________银行工作。

4 다음 문장을 중국어로 써보세요.

❶ 내일은 목요일이 아닙니다.

⇢ ____。

❷ 오늘은 11일입니까?

⇢ ____?

❸ 누나는 매일 밤 남자 친구에게 전화를 합니다.

⇢ ____。

5 〈보기〉의 내용을 참고하여 날짜 묻는 대화를 연습해 보세요.

보기	
A 你的生日是几月几号? B 四月十四号。你呢?	A 今天就是我的生日。 B 真的? 祝你生日快乐!

❶

❸

단어 京剧 jīngjù 명 경극

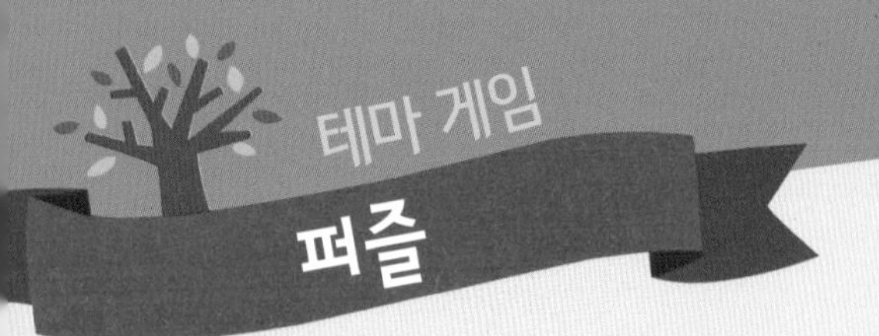

★ 병음 퍼즐에 숨겨진 문장을 찾은 후, 써보세요.(*방향에 상관없이 연결할 수 있습니다.)

❷ nǐ	❸ zhù	nǐ	shēng	rì	xué
guì	jiào	xìng	nǎr	kuài	lè
❹ nǐ	jiā	shén	❶ wǒ	shì	Hán
yǒu	jǐ	yì	me	shè	guó
❺ míng	kǒu	rén	tā	míng	rén
tiān	méi	yǒu	kè	rèn	zi

1. Wǒ shì Hánguórén.

2. ______________________

3. ______________________

4. ______________________

5. ______________________

정답 → 245쪽

중국 문화

사진으로 만나기

중국의 명절2
元宵节, 端午节, 中秋节

쫑쯔(粽子)

정월 대보름날(음력 1월 15일)을 중국에서는 원소절(元宵节 Yuánxiāo Jié)이라고 합니다. 이날, 위안샤오(元宵 yuánxiāo)를 먹고 관등놀이를 하는 풍속이 있습니다. 위안샤오는 탕위안(汤圆 tāngyuán)이라고도 하는데, 온 가족이 한자리에 모여 화목하게 지낸다는 团圆(tuányuán)과 발음이 비슷하기 때문이죠.

단오절(端午节 Duānwǔ Jié 음력 5월 5일)에 중국에서는 용선 경기를 하고 쫑쯔(粽子 zòngzi)를 먹는데, 중국의 단오절은 초나라 애국 시인 굴원(屈原)과 관련이 깊습니다. 굴원은 부패 개혁을 요구하다가 추방되었는데, 초나라가 진(秦)나라에 패하자 이에 크게 낙담하여 음력 5월 5일에 강에 뛰어들어 자살했습니다. 강 근처의 백성들이 굴원의 시체를 건지러 배를 타고 나간 것이 지금의 용선 경기가 되었고, 물고기가 굴원의 시체를 먹지 않도록 찹쌀에 밤, 대추 등을 넣어 대나무 잎이나 갈잎에 싸서 쪄 강에 던진 것이 지금의 쫑쯔가 되었습니다.

중추절(中秋节 Zhōngqiū Jié 음력 8월 15일)은 8월이 가을의 한가운데 있는 달이고, 8월 15일 또한 8월의 한가운데 있는 날이기 때문에 붙여진 명칭입니다. 중추절에는 달 구경을 하고 둥근 달을 본떠 만든 월병(月饼 yuèbing)을 먹는 풍습이 있습니다. 이전에는 공휴일이 아니었지만, 2008년도부터 법정 공휴일로 지정되었습니다.

월병(月饼)

下午去看电影。

Xiàwǔ qù kàn diànyǐng.

오후에 영화 보러 가요.

학습 미션

회화 주말 계획을 묻고 답할 수 있다
동작의 방향에 대한 표현을 말할 수 있다

어법 这个星期 / 연동문 / 방향보어

회화 ★ 1

□□	这个	zhège	대 이, 이것
□□	星期	xīngqī	명 주(週), 요일
□□	上午	shàngwǔ	명 오전
□□	商店	shāngdiàn	명 상점
□□	东西	dōngxi	명 물건

✚ 买东西 mǎi dōngxi 물건을 사다

□□	电影	diànyǐng	명 영화

✚ 看电影 kàn diànyǐng 영화를 보다

회화 ★ 2

□□	喂	wéi	감탄 (전화할 때의) 여보세요
□□	现在	xiànzài	명 지금, 현재
□□	什么时候	shénme shíhou	언제
□□	回来	huílai	동 돌아오다

✚ 回去 huíqu 돌아가다

□□	后天	hòutiān	명 모레

회화★1 수업이 끝난 후

大韩 这个星期[1]六你忙吗?
Dàhán Zhège xīngqīliù nǐ máng ma?

安娜 很忙。上午去商店买东西。[2]
Ānnà Hěn máng. Shàngwǔ qù shāngdiàn mǎi dōngxi.

大韩 下午做什么?
Dàhán Xiàwǔ zuò shénme?

安娜 下午去看电影。
Ānnà Xiàwǔ qù kàn diànyǐng.

喂

'여보세요'라는 의미의 喂는 원래 제4성이지만 전화상에서 얘기할 때는 제2성으로 말합니다. '여보세요, ~입니까?'라고 질문할 때는 '喂，是北京大学吗?(Wéi, shì Běijīng Dàxué ma? 여보세요, 베이징대학입니까?)'라고 합니다.

회화 ★2 강의동 앞에서

Track 10-03

马克 喂，王老师在吗?
Măkè Wéi, Wáng lǎoshī zài ma?

老师 对不起，她现在不在。
lǎoshī Duìbuqǐ, tā xiànzài bú zài.

马克 她什么时候回来[3]?
Măkè Tā shénme shíhou huílai?

老师 后天下午回来。
lǎoshī Hòutiān xiàwǔ huílai.

중국 속으로!

중국 TV 속 자막

해외 영화나 드라마를 볼 때 우리는 자막을 통해 내용을 이해하죠. 중국에서 TV를 보다 보면, 프로그램에 자막이 있는 것을 쉽게 볼 수 있는데요, 외국 프로그램뿐만 아니라 자국 프로그램에도 자막이 있어요. 또한 중국 영화관에서는 대부분의 영화를 표준어로 더빙하여 상영해요. 문맹률이 높은 이유도 있지만 인구가 많은 만큼 다양한 방언이 있기 때문이죠.

1 这个星期

这个星期는 '이번 주'라는 뜻입니다. 这个 대신에 上个를 쓰면 '지난', 下个를 쓰면 '다음'의 뜻을 나타냅니다.

지난달	이번 달	다음 달
上个月 shàng ge yuè	这个月 zhège yuè	下个月 xià ge yuè
지난주	**이번 주**	**다음 주**
上个星期 shàng ge xīngqī	这个星期 zhège xīngqī	下个星期 xià ge xīngqī

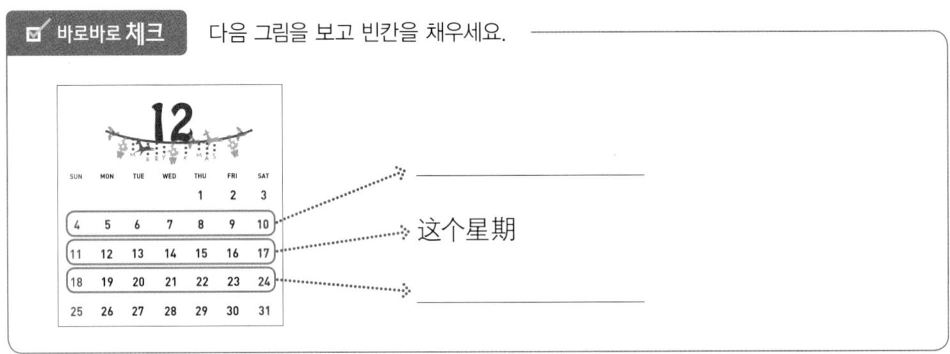

2 연동문

하나의 주어에 술어가 두 개 이상의 동사(구)로 구성된 문장을 연동문이라고 합니다. 뒤에 오는 동사가 앞 동사의 목적을 나타냅니다.

주어 + [동사1(去) + 목적어1] + [동사2 + 목적어2]

我去买东西。
Wǒ qù mǎi dōngxi.
나는 물건을 사러 갑니다.

我去商店买东西。
Wǒ qù shāngdiàn mǎi dōngxi.
나는 상점에 물건을 사러 갑니다.

王明去书店买书。
Wáng Míng qù shūdiàn mǎi shū.
왕밍은 서점에 책을 사러 갑니다.

바로바로 체크 다음 문장을 활용하여 연동문을 만드세요.

① 我去百货商店。/ 我买裤子。 ⇢ ____________________

② 我去中国。/ 我学汉语。 ⇢ ____________________

3 방향보어

来(lái)와 去는 일부 동사의 뒤에서 보어로 쓰여 동작의 방향을 나타냅니다. 동작이 말하는 사람을 향해 이루어지면 来를 쓰고, 반대 방향으로 이루어지면 去를 씁니다. 이와 같이 말하는 사람의 관점에서 동작의 방향에 대해 보충 설명을 하는 来와 去를 방향보어라고 합니다. 来와 去가 방향보어로 쓰이면 경성으로 읽습니다.

他来。 그가 옵니다.
Tā lái.

他去。 그가 갑니다.
Tā qù.

〈자주 쓰이는 방향보어〉

	上	下	进	出	回	过
来	上来 shànglai 올라오다	下来 xiàlai 내려오다	进来 jìnlai 들어오다	出来 chūlai 나오다	回来 huílai 돌아오다	过来 guòlai 건너오다
去	上去 shàngqu 올라가다	下去 xiàqu 내려가다	进去 jìnqu 들어가다	出去 chūqu 나가다	回去 huíqu 돌아가다	过去 guòqu 건너가다

단어 裤子 kùzi 명 바지

你什么时候回去?
Nǐ shénme shíhou huíqu?

당신은 언제 돌아가세요?

你快过来吧。
Nǐ kuài guòlai ba.

어서 건너오세요.

바로바로 체크 내용이 일치하는 것끼리 연결하세요.

① 빨리 들어오세요.	•	•	A 快回来吧。
② 빨리 올라오세요.	•	•	B 快下去吧。
③ 빨리 내려가세요.	•	•	C 快进来吧。
④ 빨리 돌아오세요.	•	•	D 快上来吧。

표현 키우기

확장 연습

⊕ 제시된 표현을 자연스럽게 따라 읽으며 중국어의 문장 구조를 익혀 보세요.

1

看电影
kàn diànyǐng

去看电影
qù kàn diànyǐng

我去看电影。
Wǒ qù kàn diànyǐng.

교체해 보세요

- 借书 jiè shū 책을 빌리다
- 买票 mǎi piào 표를 사다
- 买水果 mǎi shuǐguǒ 과일을 사다

2

回来
huílai

什么时候回来
shénme shíhou huílai

她什么时候回来?
Tā shénme shíhou huílai?

교체해 보세요

- 去中国 qù Zhōngguó 중국에 가다
- 回国 huí guó 귀국하다
- 结婚 jié hūn 결혼하다

다음을 중국어로 말해 보세요.

- 나는 책을 빌리러 갑니다. ⇢ ____________________
- 그녀는 언제 중국에 가나요? ⇢ ____________________

회화 익히기

그림 보고 말하기

⊕ 다음 그림을 보고 〈보기〉와 같이 문장을 만들어 보세요.

1

大韩 去学校 上课。 대한이는 수업하러 학교에 갑니다.
Dàhán qù xuéxiào shàng kè.

❶

妈妈 去__________ __________。
Māma qù

❷

爸爸 去__________ __________。
Bàba qù

❸

哥哥 去__________ __________。
Gēge qù

❹

妹妹 去__________ __________。
Mèimei qù

단어 火车站 huǒchēzhàn 명 기차역

2

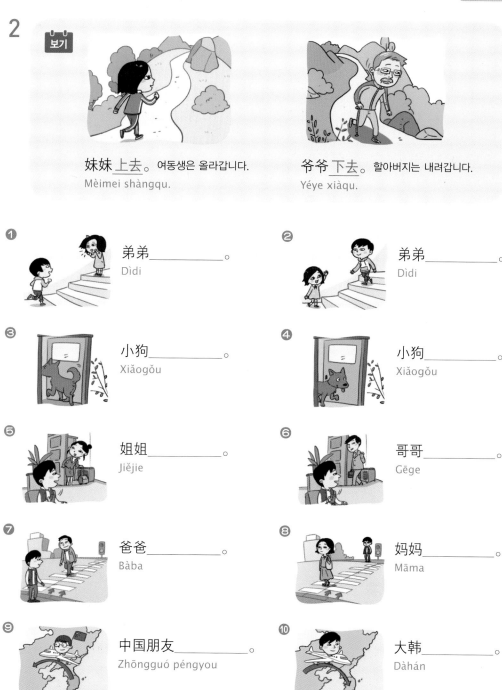

보기

妹妹<u>上去</u>。여동생은 올라갑니다.
Mèimei shàngqu.

爷爷<u>下去</u>。할아버지는 내려갑니다.
Yéye xiàqu.

❶  弟弟__________。
Dìdi

❷  弟弟__________。
Dìdi

❸  小狗__________。
Xiǎogǒu

❹  小狗__________。
Xiǎogǒu

❺  姐姐__________。
Jiějie

❻  哥哥__________。
Gēge

❼  爸爸__________。
Bàba

❽  妈妈__________。
Māma

❾  中国朋友__________。
Zhōngguó péngyou

❿  大韩__________。
Dàhán

1 녹음을 듣고 회화를 완성하세요.

❶ A 大韩，你去哪儿?
B ________________。
A 你去买什么?
B ________________。

❷ A 你来________干什么?
B 我来________。
A 你什么时候________?
B 我________________回去。

2 다음 질문에 알맞은 대답을 고르세요.

❶ 下午你做什么? ☐
❷ 喂，李老师在吗? ☐
❸ 他什么时候回来? ☐

A 他明年回来。
B 下午我去买衣服。
C 对不起，他不在。

3 제시된 단어를 배열하여 문장을 만든 후 해석해 보세요.

❶ 图书馆　看书　去　我　下午

→ ________________________________

→ ________________________________

❷ 去　吃饭　我们　饭馆儿　都

→ ________________________________

→ ________________________________

4 다음 문장을 중국어로 써보세요.

① 저는 이번 주 토요일에 영화를 보러 갑니다.

⇢ ____。

② 저는 과일을 사러 상점에 갑니다.

⇢ ____。

③ 여보세요, 왕 선생님 계십니까?

⇢ ____?

5 〈보기〉의 내용을 참고하여 주말 계획을 묻는 대화를 연습해 보세요.

보기

A 这个星期六你忙吗?

B 很忙。上午去商店买东西。

A 下午做什么?

B 下午去看电影。

①

②

단어 杯子 bēizi 명 잔, 컵 | 打篮球 dǎ lánqiú 농구를 하다

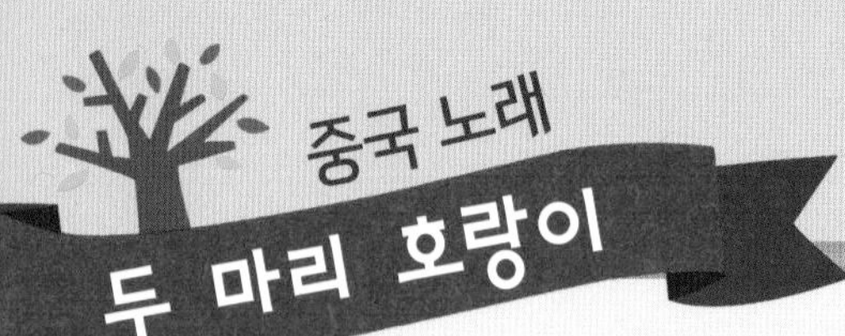

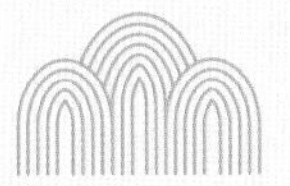

两只老虎

liǎng zhī lǎohǔ

两只老虎　两只老虎
liǎng zhī lǎohǔ　liǎng zhī lǎohǔ

跑得快　跑得快
pǎo de kuài　pǎo de kuài

一只没有耳朵　一只没有尾巴
yì zhī méiyǒu ěrduo　yì zhī méiyǒu wěiba

真奇怪　真奇怪
zhēn qíguài　zhēn qíguài

두 마리 호랑이

두 마리 호랑이 두 마리 호랑이
빨리 달리네 빨리 달리네
한 마리는 귀가 없고 한 마리는 꼬리가 없네
정말 이상해 정말 이상해

중국 문화 사진으로 만나기

중국인의 오락거리

장기(象棋)

중국에서 공원이나 길가, 주택가를 거닐다 보면 장기나 마작을 두는 사람들을 쉽게 볼 수 있는데요, 장기와 마작은 중국의 전통적인 오락거리입니다.

중국의 장기(象棋 xiàngqí)는 우리나라의 장기와 다른데요, 우리나라의 장기알은 크기가 각기 다르지만, 중국의 장기알은 두께와 크기가 일정합니다. 우리는 초한(楚汉)이 겨루던 시대를 배경으로 초(楚)와 한(汉)으로 편을 나누는데 반해, 중국 장기는 장(将)과 수(帅)로 편을 나눕니다. 또 장기알의 행마법도 다르다고 하니, 중국인과 장기를 둘 때는 미리 행마법을 익혀야겠죠?

마작(麻将 májiàng)은 남녀노소 구분 없이 즐기는 가장 보편적인 오락거리입니다. 마작은 4개씩 34개, 총 136개의 패로 승부를 가릅니다. 상당한 두뇌 게임인 마작은 무궁무진한 수가 어울리며 재미를 자아내죠. 춘절처럼 친척들이 모이는 명절에는 자연스레 마작을 두는데요, 이때는 밤을 새기도 한답니다.

또 서양식 카드놀이인 포커(扑克 pūkè)를 즐기는 사람들도 많이 볼 수 있습니다. 포커는 장소 제약이 적어 장거리 여행을 하는 기차 안에서도 많이 하는데, 젊은 사람들 사이에서는 중국식 카드 게임인 斗地主(dòu dìzhǔ)가 인기가 많답니다.

마작(麻将)

포커(扑克)

你吃饭了吗?

Nǐ chī fàn le ma?

당신은 식사했어요?

학습 미션

회화 동작의 완료를 표현할 수 있다
음식을 주문할 수 있다

어법 조사 了 / 不와 没有 / 양사 / 이중목적어

회화 ★ 1

- ▢▢ 饭 fàn 명 밥, 식사
- ▢▢ 了 le 조 동작의 완료를 나타내는 조사
- ▢▢ 还 hái 부 아직
- ▢▢ 没(有) méi(yǒu) 부 ~않다
- ▢▢ 死了 sǐ le ~해 죽겠다
- ▢▢ 快 kuài 형 빠르다 부 빨리, 어서
  - ✚ 慢 màn 느리다
- ▢▢ 来 lái 동 오다
  - ✚ 去 qù 가다

회화 ★ 2

- ▢▢ 服务员 fúwùyuán 명 종업원
- ▢▢ 要 yào 동 원하다, 필요하다
- ▢▢ 个 gè 양 개, 명[사람이나 물건을 세는 단위]
- ▢▢ 汉堡包 hànbǎobāo 명 햄버거
  - ✚ 套餐 tàocān 세트
- ▢▢ 给 gěi 동 주다
- ▢▢ 杯 bēi 양 잔, 컵
- ▢▢ 请 qǐng 동 ~하세요, ~해 주십시오 [남에게 무엇을 하도록 청하거나 권할 때 쓰는 예의 바른 표현]
- ▢▢ 等 děng 동 기다리다
- ▢▢ 一下 yíxià 한 번, 잠시

회화 ★ 1 학생 식당에서

马克 你吃饭了❶吗?

Măkè Nǐ chī fàn le ma?

安娜 吃了。你呢?

Ānnà Chī le. Nǐ ne?

马克 我还没❷吃，饿死了。

Măkè Wǒ hái méi chī, è sǐ le.

安娜 快来吃饭吧。

Ānnà Kuài lái chī fàn ba.

二과 两

二과 两은 모두 숫자 '2'를 뜻합니다. 양사 앞에서는 二을 쓰지 않고 两을 씁니다.

两个人 liǎng ge rén 두 사람　　两本书 liǎng běn shū 책 두 권

회화★2 패스트푸드점에서

大韩 Dàhán	我们要两个[3]汉堡包。 Wǒmen yào liǎng ge hànbǎobāo.
服务员 fúwùyuán	你们喝什么？ Nǐmen hē shénme?
大韩 Dàhán	给[4]我们两杯可乐。 Gěi wǒmen liǎng bēi kělè.
服务员 fúwùyuán	好，请等一下。 Hǎo, qǐng děng yíxià.

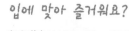

입에 맞아 즐거워요?

중국에서는 麦当劳(Màidāngláo 맥도날드)처럼 한자의 음을 빌리거나 热狗(règǒu 핫도그)처럼 뜻을 번역한 한자를 그대로 써서 외래어를 표기해요. 중국어는 뜻글자여서 뜻과 음이 적절하게 조합된 외래어에는 사람들이 감탄하죠. 可口可乐(Kěkǒu Kělè 코카콜라)가 대표적인데요, '입에 맞아 즐겁다'라는 뜻이에요. 이 외에, 벤츠는 奔驰(Bēnchí), BMW는 宝马(Bǎomǎ)라고 한답니다.

실력 다지기 어법

1 조사 了

了는 문장 끝이나 동사 뒤에 쓰여 어떤 일이나 상황이 이미 발생했거나, 동작이 완성되었음을 나타냅니다. 부정문은 동사 앞에 没(有)를 쓰고, 조사 了는 생략합니다. 의문문은 '……了吗?'의 형식을 쓰거나, '……了没有?'의 정반의문문 형식을 쓸 수 있습니다. 목적어 앞에 수식어구가 있을 경우, 了는 문장 끝이 아니라 동사 뒤에 놓여 동작이 완료되었음을 나타냅니다.

긍정문	我吃饭了。 나는 밥을 먹었습니다. Wǒ chī fàn le.
부정문	我没(有)吃饭。 나는 밥을 먹지 않았습니다. Wǒ méi(yǒu) chī fàn.
일반의문문	你吃饭了吗? 당신은 밥을 먹었습니까? Nǐ chī fàn le ma?
정반의문문	你吃饭了没有? 당신은 밥을 먹었습니까, 안 먹었습니까? Nǐ chī fàn le méiyǒu?
목적어 앞에 수식어가 있는 경우	我吃了一碗饭。 저는 밥을 한 그릇 먹었습니다. Wǒ chīle yì wǎn fàn.

바로바로 체크 다음 문장을 바르게 고치세요.

① 我没看电影了。 → ____________________

② 昨天我不去图书馆。 → ____________________

2 不와 没有

不는 '~하지 않는다', '~하지 않겠다'는 뜻으로 주관적 의지의 부정을 나타냅니다. 没有는 '~하지 않았다'라는 뜻으로 과거의 일이나 객관적 사실의 부정을 나타냅니다.

我不去。 나는 가지 않습니다. / 나는 가지 않을 겁니다.
Wǒ bú qù.

我没(有)去。 나는 가지 않았습니다.
Wǒ méi(yǒu) qù.

바로바로 체크 다음 질문에 부정문으로 답해 보세요.

① 你买衣服了吗? ⇢ ______________________

② 明年你去不去美国? ⇢ ______________________

3 양사

우리말의 '개', '명', '권', '자루'처럼 사람이나 사물의 수를 세는 단위를 양사라고 합니다. 중국어에서는 물건이나 사람을 셀 때, 수사가 직접 명사와 결합할 수 없으며 수사와 명사 사이에 반드시 양사를 넣어 '수사+양사+명사'의 형식으로 써야 합니다.

양사	결합 형식
口 kǒu 식구	三口人 sān kǒu rén 세 식구
杯 bēi 잔, 컵	一杯可乐 yì bēi kělè 콜라 한 잔 两杯牛奶 liǎng bēi niúnǎi 우유 두 잔
瓶 píng 병	一瓶啤酒 yì píng píjiǔ 맥주 한 병
碗 wǎn 공기, 그릇	一碗饭 yì wǎn fàn 밥 한 그릇
支 zhī 자루	一支铅笔 yì zhī qiānbǐ 연필 한 자루
本 běn 권	一本书 yì běn shū 책 한 권
件 jiàn 벌, 개	一件衣服 yí jiàn yīfu 옷 한 벌
双 shuāng 쌍, 켤레	一双鞋 yì shuāng xié 신발 한 켤레
个 gè 개, 명	一个学生 yí ge xuésheng 학생 한 명 一个面包 yí ge miànbāo 빵 한 개

주의! 양사 个는 사람이나 사물을 셀 때 쓰는 가장 보편적인 양사로, 전용 양사가 없는 경우에 두루 쓰입니다. 양사로 쓰일 때는 경성으로 읽습니다.

바로바로 체크 적당한 양사를 써서 제시된 사물 또는 사람을 세어 보세요.

①  ________

② ________

③  ________

4 이중목적어

일부 동사는 두 개의 목적어를 가질 수 있습니다. 이때, 간접목적어는 앞에, 직접목적어는 뒤에 놓입니다.

주어 + 동사 + 간접목적어 + 직접목적어

我给他一本书。
Wǒ gěi tā yì běn shū.
나는 그에게 책 한 권을 주었어요.

我教她英语。
Wǒ jiāo tā Yīngyǔ.
나는 그녀에게 영어를 가르쳐요.

他告诉我他的手机号码。
Tā gàosu wǒ tā de shǒujī hàomǎ.
그는 나에게 그의 핸드폰 번호를 알려 주었어요.

我问你一个问题。
Wǒ wèn nǐ yí ge wèntí.
당신에게 문제 하나를 물어볼게요.

바로바로 체크 제시된 단어를 배열하여 문장을 만드세요.

① 教 我们 汉语 张老师 ➾ ________

② 他 封 给我 一 信 ➾ ________

단어 教 jiāo 동 가르치다 | 告诉 gàosu 동 알리다 | 号码 hàomǎ 명 번호 | 问 wèn 동 묻다 | 问题 wèntí 명 문제 | 封 fēng 양 통, 꾸러미 | 信 xìn 명 편지

표현 키우기
확장 연습

⊕ 제시된 표현을 자연스럽게 따라 읽으며 중국어의 문장 구조를 익혀 보세요.

1

吃饭
chī fàn

吃饭了
chī fàn le

吃饭了吗
chī fàn le ma

你吃饭了吗?
Nǐ chī fàn le ma?

교체해 보세요
- 看书 kàn shū 책을 보다
- 喝酒 hē jiǔ 술을 마시다
- 买衣服 mǎi yīfu 옷을 사다

2

两个汉堡包
liǎng ge hànbǎobāo

要两个汉堡包
yào liǎng ge hànbǎobāo

我要两个汉堡包。
Wǒ yào liǎng ge hànbǎobāo.

교체해 보세요
- 本 běn 권 / 书 shū 책
- 瓶 píng 병 / 啤酒 píjiǔ 맥주
- 件 jiàn 벌, 개 / 衣服 yīfu 옷

다음을 중국어로 말해 보세요.

- 당신은 옷을 샀어요? ⇢ ______________________
- 저는 책 두 권을 원해요. ⇢ ______________________

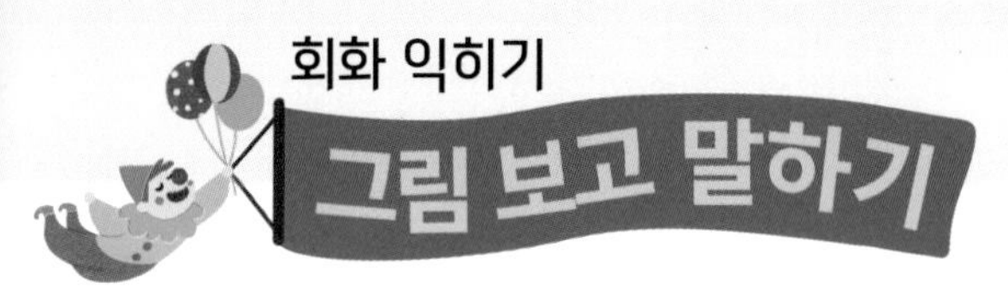

⊕ 다음 그림을 보고 〈보기〉와 같이 문장을 만들어 보세요.

1

爸爸下班了。哥哥还没下班。
Bàba xià bān le. Gēge hái méi xià bān.
아빠는 퇴근했습니다. 형은 아직 퇴근하지 않았습니다.

❶

弟弟＿＿＿＿＿＿＿＿。妹妹＿＿＿＿＿＿＿＿。
Dìdi Mèimei

❷

姐姐＿＿＿＿＿＿＿＿。哥哥＿＿＿＿＿＿＿＿。
Jiějie Gēge

❸

爷爷＿＿＿＿＿＿＿＿。奶奶＿＿＿＿＿＿＿＿。
Yéye Nǎinai

❹

爸爸＿＿＿＿＿＿＿＿。妈妈＿＿＿＿＿＿＿＿。
Bàba Māma

2

보기

他 <u>买铅笔了</u>。 그는 연필을 샀습니다.
Tā mǎi qiānbǐ le.

他买了 <u>五支铅笔</u>。 그는 연필을 다섯 자루 샀습니다.
Tā mǎile wǔ zhī qiānbǐ.

❶

妹妹__________________。
Mèimei

妹妹看了__________________。
Mèimei kànle

❷

爸爸__________________。
Bàba

爸爸喝了__________________。
Bàba hēle

❸

哥哥__________________。
Gēge

哥哥吃了__________________。
Gēge chīle

❹

妈妈__________________。
Māma

妈妈买了__________________。
Māma mǎile

1 녹음을 듣고 문장을 완성하세요.

❶ 我有＿＿＿＿＿＿＿＿和＿＿＿＿＿＿＿＿。

❷ 我要＿＿＿＿＿＿＿＿和＿＿＿＿＿＿＿＿。

❸ 我买＿＿＿＿＿＿＿＿。

2 다음 질문에 알맞은 대답을 고르세요.

❶ 你吃饭了吗?	☐	A	给我们两杯咖啡。
❷ 你们喝什么?	☐	B	我有两个弟弟。
❸ 你有几个弟弟?	☐	C	我还没吃。

3 다음 문장을 〈보기〉와 같이 부정문과 의문문으로 만들어 보세요.

보기 吃饭了。 → 吃饭了吗? 吃饭了没有? → 没吃饭。

❶ 起床了。 → ＿＿＿＿＿＿＿＿ → ＿＿＿＿＿＿＿＿

❷ 他去了。 → ＿＿＿＿＿＿＿＿ → ＿＿＿＿＿＿＿＿

❸ 老师来了。 → ＿＿＿＿＿＿＿＿ → ＿＿＿＿＿＿＿＿

4 다음 문장을 중국어로 써보세요.

① 피곤해 죽겠어요.

⇢ ______________________________。

② 나는 커피를 두 잔 마셨어요.

⇢ ______________________________。

③ 잠시만 기다리세요.

⇢ ______________________________。

5 〈보기〉의 내용을 참고하여 음식 주문에 관한 대화를 연습해 보세요.

A 我们要两个汉堡包。
B 你们喝什么?

A 给我们两杯可乐。
B 好，请等一下。

①

②

단어 三明治 sānmíngzhì 명 샌드위치 | 盘 pán 양 개, 판[평평한 물건을 세는 단위]

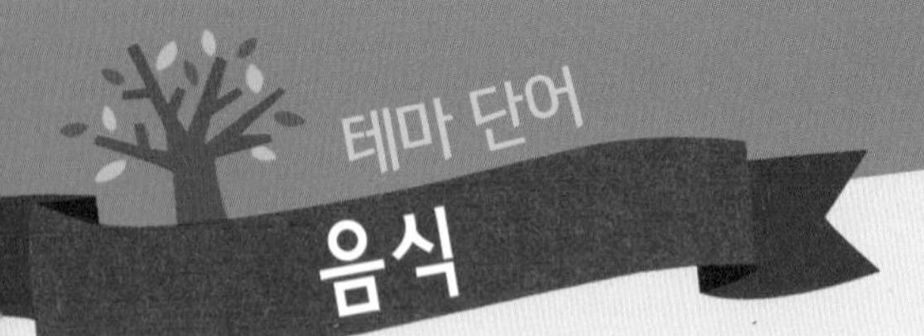

테마 단어

음식

烤鸭 kǎoyā
오리구이

火锅 huǒguō
훠궈[중국식 샤브샤브]

小笼包 xiǎolóngbāo
샤오룽바오

羊肉串儿 yángròu chuànr
양 꼬치구이

哈密瓜 hāmìguā
하미과

荔枝 lìzhī
리치

사진으로 만나기

중국의 4대 요리

중국 요리는 색, 향, 맛을 중시하는데요, 중국은 지역이 넓어 기후, 풍토, 풍속 등이 서로 달라 지역마다 독특한 요리를 발달시켰습니다. 그럼 중국의 4대 요리에 대해 알아볼까요?

산둥 요리는 루차이(鲁菜 Lǔcài)라고도 하는데요, 북방 요리의 대표로 명청 시대에는 궁중 요리의 주체가 되기도 했습니다. 산둥 요리의 특징은 부드럽고 담백한 맛과 조리 시 파를 잘 사용한다는 점입니다. 산둥의 대표 요리로는 糖醋鲤鱼(tángcùlǐyú), 百花大虾(bǎihuādàxiā) 등이 있습니다.

장쑤 요리는 쑤저우(苏州 Sūzhōu), 난징(南京 Nánjīng) 등지에서 형성되어 쑤차이(苏菜 Sūcài)라고도 합니다. 장쑤 요리의 특징은 짠맛 속에 단맛이 나는 것과 요리의 맛뿐만 아니라 모양에도 신경을 많이 쓴다는 점입니다. 대표 요리로는 水晶肴蹄(shuǐjīngyáotí), 狮子头(shīzitóu), 盐水鸭(yánshuǐyā), 煮干丝(zhǔgānsī), 红烧肉(hóngshāoròu) 등이 있습니다.

쓰촨 요리는 촨차이(川菜 Chuāncài)라고도 하는데요, 쓰촨 요리에는 매운 맛을 내는 고추, 후추, 산초 세 가지가 꼭 들어가고, 기름기가 많으며 매운 맛이 강한 특징이 있습니다. 대표 요리로는 回锅肉(huíguōròu), 鱼香肉丝(yúxiāngròusī), 宫保鸡丁(gōngbǎojīdīng), 麻婆豆腐(mápódòufu) 등이 있습니다.

마지막으로 광둥 요리는 웨차이(粤菜 Yuècài)라고도 하는데요, '다리가 네 개 달린 것은 책상 빼고 다 먹고, 나는 것 중에서는 비행기 빼고 다 먹는다'고 말할 정도로 다양한 식재료를 사용하며, 16세기부터 외국과의 교류가 활발해 서양식 요리법이 발달했습니다. 대표 요리로는 点心(diǎnxin), 江盐焗鸡(jiāngyánjújī), 清蒸鱼(qīngzhēngyú), 烧乳猪(shāorǔzhū) 등이 있습니다.

산둥 요리 糖醋鲤鱼

장쑤 요리 红烧肉

쓰촨 요리 麻婆豆腐

광둥 요리 点心

你会说汉语吗?

Nǐ huì shuō Hànyǔ ma?

당신은 중국어를 말할 줄 아나요?

학습 미션

회화 가능과 바람 표현을 말할 수 있다
학습에 관해 묻고 답할 수 있다

어법 조동사 会 / 一点儿 / 조동사 想 / 跟……一起

회화 ★1

- ▢▢ 早 zǎo 형 안녕하세요[아침 인사로 쓰임]
- ▢▢ 坐 zuò 동 앉다
- ▢▢ 茶 chá 명 차
  - ✚ 喝茶 hē chá 차를 마시다
- ▢▢ 会 huì 조동 ~할 줄 알다, ~할 수 있다
- ▢▢ 说 shuō 동 말하다
- ▢▢ 一点儿 yìdiǎnr 조금

회화 ★2

- ▢▢ 难 nán 형 어렵다
  - ✚ 容易 róngyì 쉽다
- ▢▢ 不太 bú tài 그다지 ~하지 않다
- ▢▢ 写 xiě 동 쓰다
  - ✚ 读 dú 읽다
- ▢▢ 认真 rènzhēn 형 성실하다, 착실하다
- ▢▢ 班 bān 명 반
- ▢▢ 同学 tóngxué 명 학우, 동창(생)
- ▢▢ 喜欢 xǐhuan 동 좋아하다
- ▢▢ 想 xiǎng 조동 ~하고 싶다
- ▢▢ 跟 gēn 개 ~와, ~과
- ▢▢ 一起 yìqǐ 부 같이, 함께
  - ✚ 跟……一起 gēn……yìqǐ ~와 함께

참 쉬운 회화

회화★1 교수님 연구실에서

大韩 老师早!
Dàhán Lǎoshī zǎo!

王老师 你们好! 她是谁?
Wáng lǎoshī Nǐmen hǎo! Tā shì shéi?

大韩 这是我的美国朋友，安娜。
Dàhán Zhè shì wǒ de Měiguó péngyou, Ānnà.

安娜 您好! 认识您很高兴。
Ānnà Nín hǎo! Rènshi nín hěn gāoxìng.

王老师 请坐，请喝茶。你会❶说汉语吗?
Wáng lǎoshī Qǐng zuò, qǐng hē chá. Nǐ huì shuō Hànyǔ ma?

安娜 我会一点儿❷。
Ānnà Wǒ huì yìdiǎnr.

한 걸음 더 Tip

老师早!

早는 '아침' 혹은 '이르다'라는 뜻으로, 아침 인사로도 쓰입니다.

早上好! Zǎoshang hǎo! 안녕하세요!
你早! Nǐ zǎo! 안녕하세요!
早安! Zǎo'ān! 밤새 안녕하셨습니까?, 안녕히 주무셨습니까?

회화★2 학업에 관해

Track 12-03

朋友 汉语难不难?
péngyou Hànyǔ nán bu nán?

大韩 听和说不太难，写很难。
Dàhán Tīng hé shuō bú tài nán, xiě hěn nán.

朋友 你的老师怎么样?
péngyou Nǐ de lǎoshī zěnmeyàng?

大韩 她很认真，我们班的同学都喜欢她。
Dàhán Tā hěn rènzhēn, wǒmen bān de tóngxué dōu xǐhuan tā.

朋友 我也想③学汉语。
péngyou Wǒ yě xiǎng xué Hànyǔ.

大韩 你也跟我一起④学汉语吧。
Dàhán Nǐ yě gēn wǒ yìqǐ xué Hànyǔ ba.

중국 속으로!

중국 일상생활 속 차

기름기 많은 음식을 매일 먹는 중국인 중에 비만인 사람은 의외로 적어요. 중국인의 생활 속에 깊숙이 자리잡고 있는 차 문화의 영향도 큽니다. 중국 사람들은 찻병을 들고 다니며 수시로 차를 마시고요. 기차 등 사람들이 많이 모이는 곳에는 뜨거운 물을 비치해 놓아, 여행 중에도 찻잎만 있으면 언제든지 차를 마실 수 있답니다.

실력 다지기 어법

1 조동사 会

会는 동사 앞에 놓여 학습이나 경험을 통해 어떤 기능을 익혀 '~할 줄 알다', '~할 수 있다'는 뜻을 나타냅니다.

긍정문	我会说汉语。 Wǒ huì shuō Hànyǔ.	저는 중국어를 말할 줄 압니다.
부정문	我不会说汉语。 Wǒ bú huì shuō Hànyǔ.	저는 중국어를 말할 줄 모릅니다.
일반의문문	你会说汉语吗? Nǐ huì shuō Hànyǔ ma?	당신은 중국어를 말할 줄 압니까?
정반의문문	你会不会说汉语? Nǐ huì bu huì shuō Hànyǔ?	당신은 중국어를 말할 줄 압니까, 모릅니까?

바로바로 체크 제시된 단어를 배열하여 문장을 만드세요.

① 说 我 不 英语 会 ⇢ ____________

② 你 吗 会 游泳 ⇢ ____________

2 一点儿

一点儿은 '조금', '약간'이라는 뜻으로, 정확하지 않은 적은 수량을 나타냅니다. 동사 뒤에 위치하며, 명사 앞에서 명사를 수식하는 관형어로도 쓰입니다.

我会一点儿。 Wǒ huì yìdiǎnr.	저는 조금 할 줄 압니다.
我会说一点儿汉语。 Wǒ huì shuō yìdiǎnr Hànyǔ.	저는 중국어를 조금 말할 줄 압니다.

바로바로 체크 一点儿이 들어갈 알맞은 위치를 고르세요.

① 我 A 喝了 B 茶 C 。

② 她 A 会 B 做 C 。

3 조동사 想

想은 동사 앞에 놓여 '~하고 싶다'라는 뜻의 주관적인 바람이나 희망을 나타냅니다.

긍정문	我想去中国。 Wǒ xiǎng qù Zhōngguó.	저는 중국에 가고 싶습니다.
부정문	我不想去中国。 Wǒ bù xiǎng qù Zhōngguó.	저는 중국에 가고 싶지 않습니다.
일반의문문	你想去中国吗? Nǐ xiǎng qù Zhōngguó ma?	당신은 중국에 가고 싶습니까?
정반의문문	你想不想去中国? Nǐ xiǎng bu xiǎng qù Zhōngguó?	당신은 중국에 가고 싶습니까, 가고 싶지 않습니까?

TIP

想의 용법

想은 조동사 외에 동사로도 쓰입니다. 동사로 쓰일 때는 '그리워하다', '몹시 생각하다'라는 뜻을 나타냅니다.

你想家吗? (동사) 당신은 집이 그리워요?
Nǐ xiǎng jiā ma?

我想回家。(조동사) 나는 집으로 돌아가고 싶어요.
Wǒ xiǎng huí jiā.

바로바로 체크 다음 문장을 바르게 고치세요.

① 你去想长城吗? ⇢ ______________________

② 我想不吃中国菜。 ⇢ ______________________

단어 回家 huí jiā 동 집으로 돌아가다 | 长城 Chángchéng 고유 만리장성

4 跟……一起

개사 跟은 '~와', '~과'라는 뜻으로, '跟+사람+一起' 형식으로 쓰여 '~와 함께'라는 의미를 나타냅니다.

我跟她一起吃饭。 나는 그녀와 함께 식사합니다.
Wǒ gēn tā yìqǐ chī fàn.

周末跟我一起去逛街吧。 주말에 나와 함께 쇼핑 가요.
Zhōumò gēn wǒ yìqǐ qù guàng jiē ba.

바로바로 체크 다음 문장을 중국어로 써보세요.

① 당신은 누구와 함께 영화를 보러 가나요? → ______________

② 나는 친구와 함께 중국에 가요. → ______________

단어 周末 zhōumò 명 주말 | 逛街 guàng jiē 동 거리 구경을 하다, 아이 쇼핑을 하다

표현 키우기

확장 연습

⊕ 제시된 표현을 자연스럽게 따라 읽으며 중국어의 문장 구조를 익혀 보세요.

1

说汉语
shuō Hànyǔ

会说汉语
huì shuō Hànyǔ

会说汉语吗
huì shuō Hànyǔ ma

你会说汉语吗?
Nǐ huì shuō Hànyǔ ma?

교체해 보세요

- 开车 kāi chē 운전하다
- 弹钢琴 tán gāngqín 피아노를 치다
- 骑自行车 qí zìxíngchē 자전거를 타다

2

学汉语
xué Hànyǔ

想学汉语
xiǎng xué Hànyǔ

我也想学汉语。
Wǒ yě xiǎng xué Hànyǔ.

교체해 보세요

- 打保龄球 dǎ bǎolíngqiú 볼링을 치다
- 跳舞 tiào wǔ 춤을 추다
- 游泳 yóu yǒng 수영하다

다음을 중국어로 말해 보세요.

- 당신은 운전할 줄 알아요? → ______________________
- 나도 수영하고 싶어요. → ______________________

회화 익히기

그림 보고 말하기

⊕ 다음 그림을 보고 〈보기〉와 같이 문장을 만들어 보세요.

1

보기

妈妈会唱中国歌。 엄마는 중국 노래를 부를 줄 압니다.
Māma huì chàng Zhōngguó gē.

妈妈不会开车。 엄마는 운전할 줄 모릅니다.
Māma bú huì kāi chē.

❶

____

____

❷

____

____

❸

____

____

❹

____

____

단어 唱歌 chàng gē 동 노래를 부르다

2

妹妹喜欢动物。여동생은 동물을 좋아합니다.
Mèimei xǐhuan dòngwù.

她想 买小狗。 그녀는 강아지를 사고 싶어 합니다.
Tā xiǎng mǎi xiǎogǒu.

❶

爸爸学法语。

他想________________。

❷

爷爷很________________。

他想________________。

❸

老师很________________。

她想________________。

❹

哥哥很________________。

他想________________。

단어 动物 dòngwù 명 동물 | 小狗 xiǎogǒu 명 강아지

실력 쌓기
연습문제

Track 12-07

1 녹음을 듣고 질문에 답하세요.

❶ 谁会做中国菜? ⇢ ________________

❷ 哥哥做的菜怎么样? ⇢ ________________

❸ 我会做什么菜? ⇢ ________________

❹ 我会不会说汉语? ⇢ ________________

2 다음 질문에 알맞은 대답을 고르세요.

❶ 你会游泳吗? ☐ A 他的英语很好。

❷ 汉语难不难? ☐ B 汉语不太难。

❸ 他会说英语吗? ☐ C 我会一点儿。

3 다음 〈보기〉 중에서 빈칸에 알맞은 단어를 고르세요.

보기 想 跟 会

❶ 我不________说汉语，我要学习。

❷ 我________去看电影。

❸ 你也________我们一起学开车吧。

4 다음 문장을 중국어로 써보세요.

❶ 이쪽은 저의 중국 친구 샤오메이(小美)입니다.

➺ ____。

❷ 당신은 자전거를 탈 줄 아나요?

➺ ____?

❸ 중국어는 재미있나요?

➺ ____?

5 〈보기〉의 내용을 참고하여 학습에 관한 대화를 연습해 보세요.

A 你会说汉语吗?
B 我会一点儿。

A 我想学汉语。
B 你也跟我一起学汉语吧。

❶ 

❷ 

❸ 

단어 要 yào 조동 ~해야 하다 | 学习 xuéxí 동 공부하다, 학습하다 | 打网球 dǎ wǎngqiú 테니스를 치다 | 画画儿 huà huàr 그림을 그리다

★ 다음을 빠르게 읽으며 중국어 발음을 연습해 보세요.

1

Chī pútao bù tǔ pútao pír,
吃葡萄不吐葡萄皮儿，
bù chī pútao dào tǔ pútao pír.
不吃葡萄倒吐葡萄皮儿。

2

Dà tùzi, dà dùzi, dà dùzi de dà tùzi,
大兔子，大肚子，大肚子的大兔子，
yào yǎo dà tùzi de dà dùzi.
要咬大兔子的大肚子。

3

Zhī zhī wéi zhī zhī, bù zhī wéi bù zhī,
知之为知之，不知为不知，
bù yǐ bù zhī wéi zhī zhī, bù yǐ zhī zhī wéi bù zhī,
不以不知为知之，不以知之为不知，
wéi cǐ cái néng qiú zhēnzhī.
唯此才能求真知。

1. 포도를 먹었는데 포도 껍질을 안 뱉고,
포도를 안 먹었는데 오히려 포도 껍질을 뱉네.

2. 큰 토끼, 큰 배, 큰 배를 가진 큰 토끼가
큰 토끼의 큰 배를 물려고 하네.

3. 아는 것을 안다고 하고 모르는 것을 모른다고 하며,
모르는 것을 안다고 하지 말고, 아는 것을 모른다고 하지 마라.
오직 이래야 참된 지식을 구할 수 있다.

중국 문화

사진으로 만나기

중국의 대학 입학 시험

중국의 베이징대학(北京大学)

중국의 대학 입학 시험은 高考(gāokǎo)라고 합니다. 대입 시험이라고 하면, 우리는 추운 날씨를 떠올리게 되는데요, 중국은 우리나라와 달리 9월에 신학기가 시작되기 때문에 더운 날씨에 대입 시험을 치르게 됩니다. 중국의 대입 시험은 매년 6월 초에 이틀간 시행되는데, 일부 지역에서는 3일 또는 4일 동안 치르기도 합니다. 그래서 시험 당일 전후로 시험장에서 가까운 호텔에 高考房(gāokǎofáng 수능 객실)을 잡는 경우가 많습니다.

중국은 전체적으로는 국가가 주관해 관리하지만, 각 성(省)별로 시험을 따로 보는데요, 성(省)마다 시험 과목, 난이도, 점수 환산법이 다릅니다.

우리나라에서도 수능 시험일에는 출근 시간이 늦춰지고 교통 대책을 수립하는데요, 중국에서도 대입 시험 전 일정 기간을 소음 규제 특별 대책 기간으로 정해 전국적으로 단속을 실시합니다.

중국은 인구가 많은 만큼 대입 응시자 수도 많고 경쟁률 또한 치열합니다. 최근 들어 응시생들의 부정 행위가 첨단화되어 중국 교육 관련 부분에서 감시 대책을 더욱 강화하고 있습니다.

시험 기간에 운영하는 高考房

시험 당일 교통 통제 표지판

你在干什么?

Nǐ zài gàn shénme?

당신은 무엇을 하고 있나요?

학습 미션

회화 동작의 진행을 표현할 수 있다
교통수단을 묻고 답할 수 있다

어법 동작의 진행 / 怎么 / 骑와 坐

회화 1

- □□ 在 zài 부 ~하고 있는 중이다, ~하고 있다[진행을 나타내는 부사]
- □□ 开车 kāi chē 동 운전하다
  - ✚ 坐车 zuò chē 차를 타다
- □□ 住在 zhùzài ~에 살다, ~에 거주하다
- □□ 前门 Qiánmén 고유 첸먼[베이징에 있는 거리 이름]
- □□ 附近 fùjìn 명 부근, 근처
  - ✚ 旁边 pángbiān 옆, 곁

회화 2

- □□ 天气 tiānqì 명 날씨
- □□ 真 zhēn 부 정말, 참
- □□ 出去 chūqu 동 나가다
- □□ 玩儿 wánr 동 놀다
- □□ 熊猫 xióngmāo 명 판다
- □□ 那么 nàme 접 그러면, 그렇다면
- □□ 北京 Běijīng 고유 베이징
- □□ 动物园 dòngwùyuán 명 동물원
- □□ 怎么 zěnme 대 어떻게
- □□ 骑 qí 동 (동물이나 자전거 등을) 타다
- □□ 自行车 zìxíngchē 명 자전거
  - ✚ 摩托车 mótuōchē 오토바이 | 公共汽车 gōnggòng qìchē 버스 | 火车 huǒchē 기차

회화★1 주말 계획1

安娜 Ānnà
你在[1]干什么?
Nǐ zài gàn shénme?

大韩 Dàhán
我在开车。
Wǒ zài kāi chē.

安娜 Ānnà
你去哪儿?
Nǐ qù nǎr?

大韩 Dàhán
我去老师家。
Wǒ qù lǎoshī jiā.

安娜 Ānnà
你去那儿干什么?
Nǐ qù nàr gàn shénme?

大韩 Dàhán
跟她学汉语。
Gēn tā xué Hànyǔ.

安娜 Ānnà
她住在哪儿?
Tā zhùzài nǎr?

大韩 Dàhán
她住在前门附近。
Tā zhùzài Qiánmén fùjìn.

여러 가지 방위사

방위를 나타내는 명사를 방위사라고 합니다.

위쪽	아래쪽	앞쪽	뒤쪽	안쪽	바깥쪽	옆쪽
上边 shàngbian	下边 xiàbian	前边 qiánbian	后边 hòubian	里边 lǐbian	外边 wàibian	旁边 pángbiān

회화★2 주말 계획2

Track 13-03

大韩 Dàhán
今天天气真好!
Jīntiān tiānqì zhēn hǎo!

小美 Xiǎoměi
我们出去玩儿吧。
Wǒmen chūqu wánr ba.

大韩 Dàhán
你想去哪儿?
Nǐ xiǎng qù nǎr?

小美 Xiǎoměi
我想看熊猫。
Wǒ xiǎng kàn xióngmāo.

大韩 Dàhán
那么，我们去北京动物园吧。
Nàme, wǒmen qù Běijīng Dòngwùyuán ba.

小美 Xiǎoměi
怎么❷去?
Zěnme qù?

大韩 Dàhán
骑❸自行车去吧。
Qí zìxíngchē qù ba.

小美 Xiǎoměi
好，我很喜欢骑自行车。
Hǎo, wǒ hěn xǐhuan qí zìxíngchē.

중국 속으로!

희귀 동물을 보러 베이징 동물원으로!

베이징 동물원은 1906년에 설립된 중국에서 가장 오래된 동물원 중 하나로, 베이징 시청구(西城区 Xīchéngqū)에 위치하고 있어요. 호수와 연못을 포함하면 총 면적이 89만㎡이고, 보유 동물은 1만 4500여 마리나 돼요. 이곳에서는 중국의 희귀 동물인 대왕판다, 금빛원숭이, 남중국호랑이 등을 볼 수 있답니다.

1 동작의 진행

동작의 진행은 동사 앞에 在를 써서 나타냅니다. 이때 在는 '~하고 있는 중이다', '~하고 있다'라는 뜻의 진행을 나타내는 부사입니다. 부정형은 在 앞에 没(有)를 씁니다.

A 你在做什么? 당신은 무엇을 하고 있습니까?
Nǐ zài zuò shénme?

B 我在看书。 저는 책을 보고 있습니다.
Wǒ zài kàn shū.

A 你在看书吗? 당신은 책을 보고 있습니까?
Nǐ zài kàn shū ma?

B 我没在看书，我在看电视。 저는 책을 보고 있지 않고, 저는 텔레비전을 보고 있습니다.
Wǒ méi zài kàn shū, wǒ zài kàn diànshì.

在의 다양한 용법

① 동사 : ~에 있다
我在家。 저는 집에 있습니다.
Wǒ zài jiā.

② 개사 : ~에서
我在家看书。 저는 집에서 책을 봅니다.
Wǒ zài jiā kàn shū.

③ 부사 : ~하고 있는 중이다, ~하고 있다
我在看书。 저는 책을 보고 있습니다.
Wǒ zài kàn shū.

바로바로 체크 제시된 단어를 배열하여 문장을 만든 후 해석해 보세요.

① 老师 的 在 我 北京
⇢ ________________ ⇢ ________________

② 东西 在 商店 妈妈 买
⇢ ________________ ⇢ ________________

③ 在 车 爸爸 开
⇢ ________________ ⇢ ________________

바로바로 체크 다음 사진을 보고 동작의 진행을 나타내는 문장을 써보세요.

① 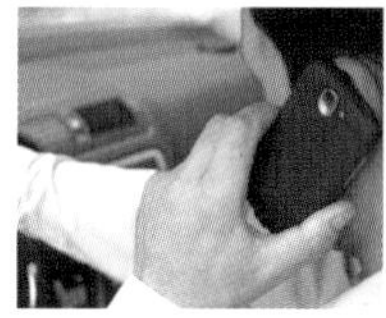
____

② 
____

③ 
____

2 怎么

怎么는 '어떻게'라는 뜻의 의문대사입니다. 동작이나 행위의 방법 또는 방식을 물을 때 쓰며, 보통 동사 앞에 놓입니다. '怎么去?'는 '어떻게 갑니까?'라는 뜻으로, 가는 방법 즉 교통수단을 묻는 표현입니다.

A 我们怎么去?
Wǒmen zěnme qù?
우리 어떻게 갈까요?

B 坐车去吧。
Zuò chē qù ba.
차를 타고 갑시다.

这个字怎么念?
Zhège zì zěnme niàn?
이 글자는 어떻게 읽어요?

바로바로 체크 제시된 의문대사를 써서 다음 문장에 대한 질문을 만들어 보세요.

什么时候　　怎么　　哪儿

① 我们今天下午去动物园吧。 ⇢ ________________

② 今天我们在中国饭馆儿吃饭。 ⇢ ________________

③ 爸爸坐飞机去中国。 ⇢ ________________

단어 打乒乓球 dǎ pīngpāngqiú 탁구를 치다 | 坐 zuò 동 (교통수단을) 타다 | 字 zì 명 글자 | 念 niàn 동 (소리 내어) 읽다 | 飞机 fēijī 명 비행기

3 骑와 坐

❶ 버스, 택시, 기차 등의 교통수단인 경우에는 '타다'라는 동사로 坐(zuò)를 씁니다.

坐公共汽车 버스를 타다
zuò gōnggòng qìchē

坐地铁 지하철을 타다
zuò dìtiě

❷ 자전거나 오토바이 등 기마 자세로 타는 교통수단인 경우에는 '타다'라는 동사로 骑를 씁니다.

骑马 말을 타다
qí mǎ

骑自行车 자전거를 타다
qí zìxíngchē

바로바로 체크 다음 교통수단에 알맞은 동사를 써보세요.

① ______飞机 ② ______摩托车 ③ ______火车

단어 公共汽车 gōnggòng qìchē 명 버스 | 地铁 dìtiě 명 지하철 | 马 mǎ 명 말 | 摩托车 mótuōchē 명 오토바이 | 火车 huǒchē 명 기차

표현 키우기
확장 연습

⊕ 제시된 표현을 자연스럽게 따라 읽으며 중국어의 문장 구조를 익혀 보세요.

1

开车
kāi chē

在开车
zài kāi chē

我在开车。
Wǒ zài kāi chē.

교체해 보세요

- 做作业 zuò zuòyè 숙제를 하다
- 休息 xiūxi 쉬다
- 洗碗 xǐ wǎn 설거지를 하다

2

骑自行车
qí zìxíngchē

骑自行车去
qí zìxíngchē qù

我们骑自行车去吧。
Wǒmen qí zìxíngchē qù ba.

교체해 보세요

- 骑摩托车 qí mótuōchē 오토바이를 타다
- 坐出租车 zuò chūzūchē 택시를 타다
- 坐船 zuò chuán 배를 타다

다음을 중국어로 말해 보세요.

- 나는 숙제를 하고 있어요. ⇢ ______________________
- 우리 택시를 타고 가요. ⇢ ______________________

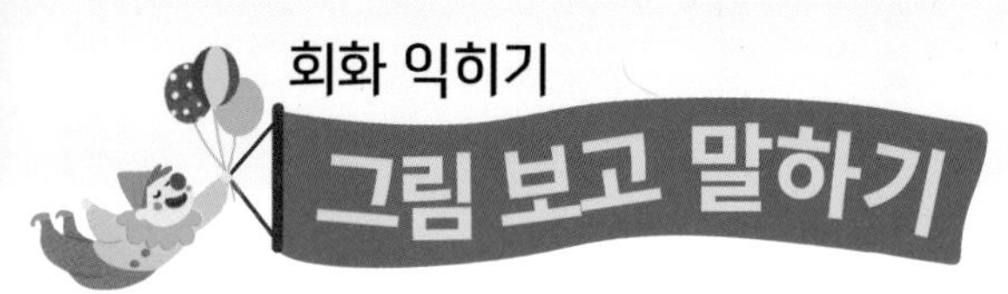

⊕ 다음 그림을 보고 질문에 답해 보세요.

1

❶ 大韩在做什么?

→ ______________________。

❷ 妹妹在做什么?

→ ______________________。

❸ 姐姐在做什么?

→ ______________________。

❹ 妈妈在做什么?

→ ______________________。

❺ 爸爸在看报吗?

→ ______________________。

❻ 弟弟在洗碗吗?

→ ______________________。

❼ 哥哥在打篮球吗?

→ ______________________。

❽ 奶奶在睡觉吗?

→ ______________________。

단어 看报 kàn bào 신문을 보다 | 洗澡 xǐ zǎo 동 목욕하다

 다음 그림을 보고 〈보기〉와 같이 문장을 만들어 보세요.

2

보기

奶奶	坐火车	去釜山。
Nǎinai	zuò huǒchē	qù Fǔshān.
할머니는	기차를 타고	부산에 갑니다.

❶

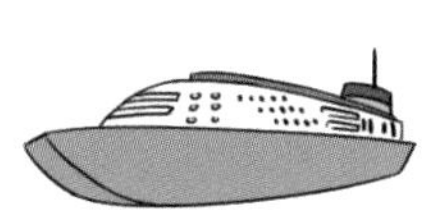

爸爸　坐＿＿＿＿＿＿＿　去＿＿＿＿＿＿＿。

❷

大韩跟小美　坐＿＿＿＿＿＿＿　去＿＿＿＿＿＿＿。

❸

哥哥和女朋友　骑＿＿＿＿＿＿＿　去＿＿＿＿＿＿＿。

❹

爷爷　坐＿＿＿＿＿＿＿　去＿＿＿＿＿＿＿。

釜山 Fǔshān 고유 부산 | 青岛 Qīngdǎo 고유 칭다오, 청도 | 颐和园 Yíhéyuán 고유 이허위안, 이화원 | 游乐场 yóulèchǎng 명 놀이공원

1 녹음을 듣고 문장을 완성하세요.

❶ 我每天早上______________________________。

❷ 我会________________________。

❸ 今天我___________________________________。

❹ 老师______________________________。

2 다음 질문에 알맞은 대답을 고르세요.

❶ 今天天气怎么样? ☐ A 今天天气真好!

❷ 你在干什么? ☐ B 我们坐出租车去吧。

❸ 我们怎么去? ☐ C 我在开车。

3 다음 〈보기〉 중에서 빈칸에 알맞은 단어를 고르세요.

보기 在 附近 跟

❶ 我____________老师学钢琴。

❷ 我____________家休息。

❸ 他住在图书馆____________。

4 다음 문장을 중국어로 써보세요.

❶ 저는 텔레비전을 보지 않고, 책을 보고 있습니다.

⋯ ____。

❷ 오늘 날씨가 정말 좋아요. 나가서 놀아요.

⋯ ____。

❸ 저는 운전하는 것을 매우 좋아합니다.

⋯ ____。

5 〈보기〉의 내용을 참고하여 여행지에 가는 방법에 관한 대화를 연습해 보세요.

보기

A 你想去哪儿?
B 我想去北京动物园。

A 怎么去?
B 骑自行车去吧。

단어 天安门 Tiān'ānmén 고유 톈안먼, 천안문

테마 단어

동물

狮子 shīzi
사자

老虎 lǎohǔ
호랑이

大象 dàxiàng
코끼리

猴子 hóuzi
원숭이

兔子 tùzi
토끼

河马 hémǎ
하마

사진으로 만나기

중국의 대중교통

중국의 공유 자전거

중국은 일부 지역을 제외하면 오르막길이나 내리막길이 거의 없고 대부분 평지로 되어 있어 자전거를 타기에 좋습니다. 도로 양쪽에 자전거 전용 도로가 마련되어 있고, 자전거를 갖고 쉽게 오를 수 있도록 육교 계단 옆이 완만하게 되어 있지요. 또 자전거 전용 신호등이 설치된 곳도 있습니다. 요즘은 공유 자전거(共享单车 gòngxiǎng dānchē)를 많이 타는데, 핸드폰만 있으면 QR코드를 스캔하여 편리하게 이용할 수 있고 가격도 저렴하지요.

베이징, 상하이, 톈진, 광저우, 시안 등 도시에는 지하철이 잘 발달되어 있습니다. 특이하게도 지하철역에는 보안 검색대가 있는데, 가방이나 액체류 등을 엑스레이 검색대에 통과시켜 확인해야만 개찰구를 지날 수 있습니다.

滴滴出行(dīdī chūxíng) 등의 앱을 이용해 중국의 택시를 편리하게 이용할 수 있습니다. 목적지를 검색하고 택시 종류를 선택하기만 하면 되지요. 우리나라 택시와는 다르게 중국 택시에는 운전기사의 안전을 보호하기 위해 쇠창살이 쳐져 있습니다.

중국 지하철의 개찰구

중국의 택시 호출 앱 滴滴出行

多少钱一斤?

Duōshao qián yì jīn?

한 근에 얼마예요?

학습 미션

회화 쇼핑 관련 표현을 말할 수 있다
금액을 묻고 답할 수 있다

어법 조동사 要 / 多少钱一斤? / 금액 읽는 법

회화★1

- ☐☐ 售货员 shòuhuòyuán 명 판매원
- ☐☐ 欢迎光临 huānyíng guānglín 오신 것을 환영합니다, 어서 오십시오
- ☐☐ 要 yào 조동 ~하려고 하다, ~할 것이다
- ☐☐ 钱包 qiánbāo 명 지갑
- ☐☐ 用 yòng 동 사용하다
- ☐☐ 颜色 yánsè 명 색깔
- ☐☐ 红色 hóngsè 명 빨간색
- ☐☐ 好看 hǎokàn 형 보기 좋다, 아름답다
  - ✚ 漂亮 piàoliang 예쁘다

회화★2

- ☐☐ 苹果 píngguǒ 명 사과
- ☐☐ 甜 tián 형 달다
  - ✚ 酸 suān 시다 | 苦 kǔ 쓰다 | 辣 là 맵다
- ☐☐ 超市 chāoshì 명 슈퍼마켓, 마트
- ☐☐ 多少 duōshao 대 얼마, 몇
  - ✚ 多少钱? Duōshao qián? 얼마예요?
- ☐☐ 斤 jīn 양 근
- ☐☐ 块 kuài 양 위안[중국 화폐의 기본 단위]
- ☐☐ 便宜 piányi 형 싸다
  - ✚ 贵 guì 비싸다

회화 1 백화점에서

售货员 shòuhuòyuán	欢迎光临！您要什么？ Huānyíng guānglín! Nín yào shénme?
大韩 Dàhán	我要[1]买一个钱包。 Wǒ yào mǎi yí ge qiánbāo.
售货员 shòuhuòyuán	是您要用的吗？ Shì nín yào yòng de ma?
大韩 Dàhán	不是，我给女朋友买。 Bú shì, wǒ gěi nǚpéngyou mǎi.
售货员 shòuhuòyuán	她喜欢什么颜色？ Tā xǐhuan shénme yánsè?
大韩 Dàhán	她喜欢红色。 Tā xǐhuan hóngsè.
售货员 shòuhuòyuán	您看，这个怎么样？ Nín kàn, zhège zěnmeyàng?
大韩 Dàhán	真好看，我就买这个吧。 Zhēn hǎokàn, wǒ jiù mǎi zhège ba.

欢迎光临

欢迎光临은 '오신 것을 환영합니다', '어서 오세요'라는 뜻으로 보통 상점이나 식당에서 손님을 맞이할 때 쓰는 인사말입니다.

是您要用的吗?

수식 관계를 나타내는 的가 문맥상 무엇을 말하는지 알 수 있는 경우 的 뒤의 명사를 생략할 수 있습니다. 이때 的는 '~의 것', '~한 것'이라는 뜻을 나타냅니다.

회화 ★2 베이징 동물원에서

小美 Xiǎoměi
大韩，你吃苹果吧。
Dàhán, nǐ chī píngguǒ ba.

大韩 Dàhán
这个苹果真甜!
Zhège píngguǒ zhēn tián!

小美 Xiǎoměi
这是我昨天买的。
Zhè shì wǒ zuótiān mǎi de.

大韩 Dàhán
在哪儿买的?
Zài nǎr mǎi de?

小美 Xiǎoměi
在超市买的。
Zài chāoshì mǎi de.

大韩 Dàhán
多少钱一斤?❷
Duōshao qián yì jīn?

小美 Xiǎoměi
三块五❸一斤。
Sān kuài wǔ yì jīn.

大韩 Dàhán
很便宜。
Hěn piányi.

중국 속으로!

打9折는 90% 할인?

FINAL SALE
最后 1天 9.5折
储值卡全场9.5折最后特卖

중국에서 쇼핑을 하다 보면 打折라는 말을 쉽게 볼 수 있어요. 打折(dǎ zhé)는 '세일하다'라는 뜻인데요, 우리나라에서 '90% 세일'은 '90% 할인'을 의미하지만, 중국에서 '打9折'는 10에서 9을 뺀 값인 1, 즉 '10% 할인'을 의미해요. 打9折를 '90% 세일'이라고 착각하고 쇼핑을 했다가는 큰일 나겠죠?

실력 다지기 어법

1 조동사 要

❶ 조동사 要는 '~하려고 하다', '~할 것이다'라는 뜻으로, 어떤 일을 하고자 하는 주관적인 의지 또는 염원을 나타냅니다. 부정형은 不想으로 '~하고 싶지 않다'라는 뜻을 나타냅니다.

A 你要买什么？ 당신은 무엇을 사려고 합니까?
Nǐ yào mǎi shénme?

B 我要买手机。 저는 핸드폰을 사려고 합니다.
Wǒ yào mǎi shǒujī.

❷ 일반동사 要는 '원하다', '필요하다'라는 뜻을 나타냅니다.

A 你要什么？ 당신은 무엇을 원하십니까?
Nǐ yào shénme?

B 我要汉堡包。 저는 햄버거를 원합니다.
Wǒ yào hànbǎobāo.

바로바로 체크 제시된 단어를 배열하여 문장을 만든 후 해석해 보세요.

① 书包 买 一 我 个 要

→ ______________ → ______________

② 要 你 颜色 什么

→ ______________ → ______________

2 多少钱一斤？

多少(duōshao)는 '얼마', '몇'이라는 뜻의 의문대사로, 주로 10 이상의 수량을 묻는 데 쓰입니다. '多少钱?'은 우리말로 '얼마예요?'라는 뜻이며, '多少钱一斤?'은 '한 근에 얼마예요?'라는 뜻입니다.

苹果多少钱一斤？ 사과는 한 근에 얼마예요?
Píngguǒ duōshao qián yì jīn?

这本书多少钱？ 이 책은 얼마예요?
Zhè běn shū duōshao qián?

바로바로 체크 几 또는 多少를 써서 의문문을 만들고 알맞은 양사를 쓰세요.

你要几斤橘子? → 我要三斤橘子。

① 你们要________咖啡? → 我们要两________咖啡。

② 这儿有________学生? → 这儿有二十五________学生。

③ 你要买________衣服? → 我要买两________衣服。

④ 你要买________铅笔? → 我要买三________铅笔。

3 금액 읽는 법

중국의 화폐는 인민폐(人民币 rénmínbì)라고 합니다. 중국의 화폐 단위는 元(yuán), 角(jiǎo), 分(fēn)이지만, 구어에서는 보통 块(kuài), 毛(máo), 分을 사용합니다.

4 . 7 5 元 → 四块 七毛 五分
块 毛 分 sì kuài qī máo wǔ fēn

❶ 단위가 하나일 때는 钱을 덧붙여도 됩니다.

5.00 → 五块(钱) wǔ kuài (qián)
0.50 → 五毛(钱) wǔ máo (qián)
0.05 → 五分(钱) wǔ fēn (qián)

❷ 구어에서 마지막 단위의 毛나 分은 생략할 수 있습니다.

1.20 → 一块二(毛) yí kuài èr (máo)
3.85 → 三块八毛五(分) sān kuài bā máo wǔ (fēn)

단어 橘子 júzi 명 귤

③ 중간 단위에 0이 있을 경우, 0을 零이라고 반드시 읽습니다. 단, 0이 두 개 이상 있어도 한 번만 읽습니다.

15.03 ⇢ 十五块零三分 shíwǔ kuài líng sān fēn
30.05 ⇢ 三十块零五分 sānshí kuài líng wǔ fēn
102.08 ⇢ 一百零二块零八分 yìbǎi líng èr kuài líng bā fēn

바로바로 체크 다음 물건의 가격을 읽어 보세요.

단어 百 bǎi 수 100, 백

표현 키우기
확장 연습

⊕ 제시된 표현을 자연스럽게 따라 읽으며 중국어의 문장 구조를 익혀 보세요.

1

一个钱包
yí ge qiánbāo

买一个钱包
mǎi yí ge qiánbāo

要买一个钱包
yào mǎi yí ge qiánbāo

我要买一个钱包。
Wǒ yào mǎi yí ge qiánbāo.

교체해 보세요

- 一双鞋 yì shuāng xié
  신발 한 켤레
- 两个本子 liǎng ge běnzi
  노트 두 권
- 三个娃娃 sān ge wáwa
  인형 세 개

2

多少钱
duōshao qián

多少钱一斤
duōshao qián yì jīn

苹果多少钱一斤?
Píngguǒ duōshao qián yì jīn?

교체해 보세요

- 香蕉 xiāngjiāo 바나나
- 橘子 júzi 귤
- 草莓 cǎoméi 딸기

다음을 중국어로 말해 보세요.

- 저는 신발 한 켤레를 사려고 합니다. ⇢ ______________________
- 바나나는 한 근에 얼마예요? ⇢ ______________________

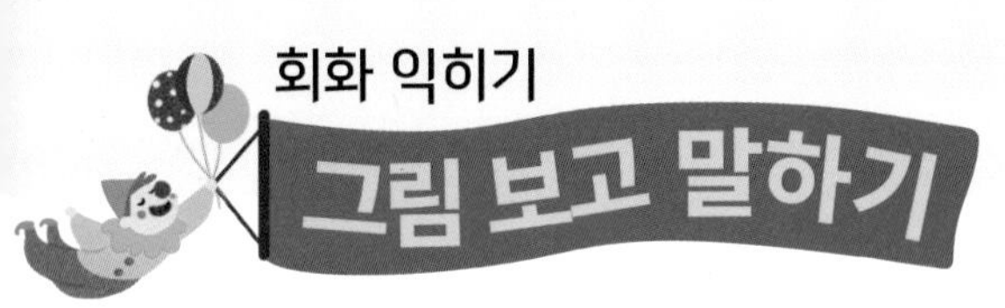

⊕ 다음 그림을 보고 〈보기〉와 같이 문장을 만들어 보세요.

1

大韩喜欢蓝色的衣服和白色的帽子。
Dàhán xǐhuan lánsè de yīfu hé báisè de màozi.
대한이는 파란색 옷과 흰색 모자를 좋아합니다.

참고 红色 hóngsè 빨간색 | 黄色 huángsè 노란색 | 橘黄色 júhuángsè 주황색 | 绿色 lǜsè 녹색 | 蓝色 lánsè 파란색 | 紫色 zǐsè 보라색 | 棕色 zōngsè 갈색 | 白色 báisè 흰색 | 黑色 hēisè 검은색 | 灰色 huīsè 회색 | 粉红色 fěnhóngsè 분홍색 | 天蓝色 tiānlánsè 하늘색

❶ 

妹妹喜欢__________衣服和__________书包。

❷ 

爷爷喜欢__________衣服和__________鞋。

❸ 

姐姐喜欢__________衣服和__________袜子。

❹ 

妈妈喜欢__________衣服。

단어 帽子 màozi 명 모자 | 袜子 wàzi 명 양말

2

150.00元/件 50.00元/个 3.50元/斤 5.80元/斤

15.00元/本 10.50元/个 1.50元/支 1.00元/个 2.40元/斤 4.00元/斤

보기 一支铅笔 一块五毛 ，一个本子 十块五毛 ，一共 十二块(钱) 。
연필 한 자루에 1.50위안, 노트 한 권에 10.50위안, 모두 12.00위안입니다.

❶ 一个娃娃____________________。

❷ 

两件衣服____________________。

❸ 

两斤苹果______________，

一斤香蕉____________________，

一共____________________。

단어 一共 yígòng 부 모두, 전부

실력 쌓기
연습문제

1 녹음을 듣고 내용과 일치하면 ○, 일치하지 않으면 ×를 표시하세요.

❶ 今天我一个人去书店。 ( )

❷ 一本英语书38.60元。 ( )

❸ 我买了一本汉语书。 ( )

❹ 朋友买的书一共88.40元。 ( )

2 다음 질문에 알맞은 대답을 고르세요.

❶ 在哪儿买的? ☐ A 十块钱。

❷ 汉堡包多少钱一个? ☐ B 真好看，我就买这个吧。

❸ 这个怎么样? ☐ C 在商店买的。

3 다음 〈보기〉 중에서 빈칸에 알맞은 단어를 고르세요.

보기 什么 给 要

❶ 我__________妈妈买一件衣服。

❷ 你要__________?

❸ 我__________买黑色的帽子。

4 다음 문장을 중국어로 써보세요.

❶ 저는 컴퓨터를 사려고 합니다.

⇢ ____。

❷ 당신은 어떤 색을 좋아하나요?

⇢ ____?

❸ 이 귤은 정말 달아요.

⇢ ____。

5 다음을 보고 질문에 답하세요.

- MENU -

(커피) ········	27元
(콜라) ········	6元
(햄버거) ········	22元
(빵) ········	5.5元

❶ 两个面包和一杯咖啡，多少钱?

⇢ ____

❷ 两个汉堡包、一杯可乐和一杯咖啡，多少钱?

⇢ ____

★ 가로세로 열쇠를 풀어 중국어로 퍼즐을 완성하세요.

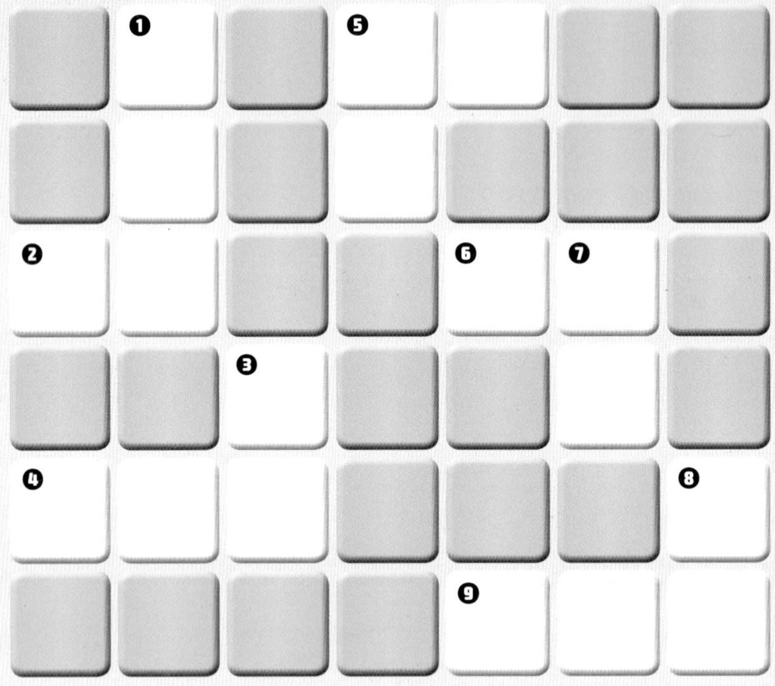

가로 열쇠

❷ 운전하다
❹ 햄버거
❺ 성실하다, 착실하다
❻ 모레
❾ 일요일

세로 열쇠

❶ 자전거
❸ 지갑
❺ 알다, 인식하다
❼ 날씨
❽ 생일

自行车　开车　汉堡包　认真　钱包　认识　星期日　后天　生日　天气

정답 → 245쪽

중국문화

사진으로 만나기

중국의 화폐

중국의 화폐는 '인민폐(人民币)' 또는 '위안화'라고 부르는데, 간단하게 RMB로 표기합니다. 화폐 단위는 元, 角, 分을 쓰는데, 1元이 100分에 해당됩니다.

마오쩌둥의 초상이 그려진 인민폐 앞면

중국 화폐로는 1자오, 5자오, 1위안의 동전과 1위안, 5위안, 10위안, 20위안, 50위안, 100위안의 지폐가 있는데, 모든 지폐의 앞면에는 중국 제1대 주석인 마오쩌둥의 초상이 그려져 있습니다. 그리고 지폐 앞면을 자세히 보면 아라비아 숫자 아래에 액면가를 壹圆(yī yuán), 伍圆(wǔ yuán), 拾圆(shí yuán), 贰拾圆(èrshí yuán), 伍拾圆(wǔshí yuán), 壹佰圆(yìbǎi yuán)처럼 갖은자로 표시해 놓았습니다.

다양한 명소가 그려진 인민폐 뒷면

각 지폐의 뒷면에는 1위안은 항저우(杭州 Hángzhōu) 시후(西湖 Xīhú), 5위안은 타이산(泰山 Tàishān), 10위안은 장강삼협(长江三峡 Chángjiāng Sānxiá), 20위안은 구이린(桂林 Guìlín)의 산수 풍경, 50위안은 티베트의 포탈라궁(布达拉宫 Bùdálāgōng), 100위안은 베이징의 인민대회당(人民大会堂 Rénmín Dàhuìtáng)이 그려져 있지요.

요즘 중국은 위챗페이나 알리페이 같은 모바일 결제가 아주 보편화되어 있습니다. 거스름돈이 없어 현금 결제를 꺼리는 경우도 가끔 있지요. 중국에 장기간 머무를 계획이라면 모바일 결제 서비스를 이용하면 생활이 훨씬 편리합니다.

알리페이

부록

WARMING UP 중국어란?

2 ① qi ② re ③ chang ④ zao

3 ① fù ② péng ③ háng ④ yǒu
⑤ bìng ⑥ xí ⑦ yǔ ⑧ diàn

CHAPTER 01 你好! 안녕하세요!

참 쉬운 회화

회화 1

대한 안녕!
샤오메이 안녕!

회화 2

대한 잘 가!
샤오메이 잘 가!

회화 3

마크 고마워!
샤오메이 천만에!

회화 4

샤오메이 미안해!
마크 괜찮아!

표현 키우기 확장 연습

① 좋습니다
안녕하세요!
여러분, 안녕하세요!
여러분, 안녕하세요!
선생님, 안녕하세요!

② 만납니다
안녕히 계세요!(안녕히 가세요!)
내일 봐요!
저녁에 봐요!
오후에 봐요!

다음을 중국어로 말해 보세요.
• 老师好!
• 明天见!

회화 익히기 그림 보고 말하기

1 ① 您好!
② 大家好!
③ 老师好!

2 ① 谢谢!
② 对不起!
③ 明天见! / 明天见!

실력 쌓기 연습문제

2 ① á ǎ ā
② āo ào áo
③ ài āi ái
④ pǎ pá pā

3 ① Nǐ hǎo! ② Zàijiàn!

4 ① B ② C ③ A

5 ① 你好! Nǐ hǎo!
② 再见! Zàijiàn!

你好吗?
당신은 잘 지내요?

참 쉬운 회화

회화 1

대한 잘 지내니?
샤오메이 잘 지내. 너는?
대한 나도 잘 지내.

회화 2

대한 너는 바쁘니?
샤오메이 나는 바쁘지 않아.
대한 너는 피곤하니?
샤오메이 나는 피곤하지 않아.

표현 키우기 확장 연습

① 좋습니다
아주 좋습니다
저는 잘 지냅니다.
저는 매우 피곤합니다.
저는 매우 배고픕니다.
저는 매우 바쁩니다.

② 바쁩니다
바쁘지 않습니다
저는 바쁘지 않습니다.
저는 졸리지 않습니다.
저는 (키가) 작지 않습니다.
저는 목마르지 않습니다.

다음을 중국어로 말해 보세요.

• 我很忙。
• 我不渴。

회화 익히기 그림 보고 말하기

1 ① 妈妈好吗? → 妈妈很好。
② 哥哥好吗? → 哥哥很好。
③ 姐姐好吗? → 姐姐很好。

2 ① 渴吗? → 很渴。/ 不渴。
② 高吗? → 很高。/ 不高。
③ 饿吗? → 很饿。/ 不饿。

실력 쌓기 연습문제

2 nào máng dōu
hóng hēi mén

3 ① Nǐ hǎo ma?
② Bàba hěn máng.
③ Gēge hěn gāo.
④ Māma bú è.

4 ① 姐姐好吗?
② 我不累。
③ 我也很饿。

5 ① 吗 ② 不 ③ 也

CHAPTER 03 你学什么?

당신은 무엇을 배워요?

참 쉬운 회화

회화 1

왕 선생님 너는 보니?
마크 저는 안 봐요.
왕 선생님 그는 보니, 안 보니?
마크 그도 안 봐요.

회화 2

샤오메이 너는 무엇을 배우니?
대한 나는 중국어를 배워.
샤오메이 중국어는 어때?
대한 아주 재미있어.

표현 키우기 확장 연습

❶ 봅니다
봅니까, 안 봅니까
그는 봅니까, 안 봅니까?
그는 듣습니까, 안 듣습니까?
그는 먹습니까, 안 먹습니까?
그는 마십니까, 안 마십니까?

❷ 중국어
중국어를 배웁니다
나는 중국어를 배웁니다.
나는 영어를 배웁니다.
나는 한국어를 배웁니다.
나는 일본어를 배웁니다.

다음을 중국어로 말해 보세요.
• 他听不听?
• 我学英语。

회화 익히기 그림 보고 말하기

1 ❶ 吃。
吃吗?
吃不吃?
不吃。
❷ 听。
听吗?
听不听?
不听。
❸ 买。
买吗?
买不买?
不买。

2 ❶ A 你喝什么?
B 我喝可乐。
❷ A 你吃什么?
B 我吃比萨。
❸ A 你们看什么?
B 我们看电视。

실력 쌓기 연습문제

2 bàn pái fēn dòu téng
jiā zāng sì shé rǎo

3 ❶ Bàba hē bu hē?
❷ Māma bù tīng.
❸ Mèimei kàn diànshì.

4 ❶ C ❷ A ❸ B

5 ❶ 不 ❷ 怎么样 ❸ 什么

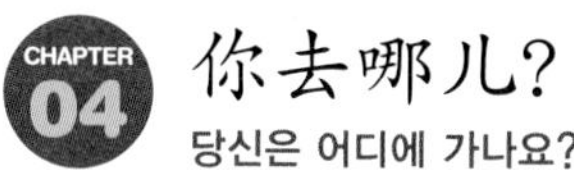

你去哪儿?
당신은 어디에 가나요?

참 쉬운 회화

회화 1

샤오메이 너는 어디 가니?
마크 나는 식당에 가.
샤오메이 대한이는 어디 있어?
마크 그는 도서관에 있어.

회화 2

샤오메이 너는 어디 사니?
대한 나는 기숙사에 살아.
샤오메이 기숙사는 어디 있어?
대한 저기 있어.

표현 키우기 확장 연습

1. 식당
식당에 갑니다
나는 식당에 갑니다.
나는 도서관에 갑니다.
나는 상점에 갑니다.
나는 고궁에 갑니다.

2. 어디
어디에 있습니까
기숙사는 어디에 있습니까?
남동생은 어디에 있습니까?
핸드폰은 어디에 있습니까?
음식점은 어디에 있습니까?

다음을 중국어로 말해 보세요.
- 我去图书馆。
- 弟弟在哪儿?

회화 익히기 그림 보고 말하기

1 ① 我在银行。
② 我在医院。
③ 他在书店。

2 ① 爸爸去邮局。
② 妈妈去银行。
③ 爷爷、奶奶去电影院。
④ 姐姐去星巴克。
⑤ 妹妹去书店。
⑥ 弟弟去麦当劳。

실력 쌓기 연습문제

2
xǐ liǎn	píngzi
hē jiǔ	hěn xiǎo
bù duō	tài kuài
guówáng	chūntiān
yuèliang	nǚrén
jūnduì	shàng dàxué

3 ① Jiějie qù xuéxiào.
② Tā qù Gùgōng.
③ Yéye zài shūdiàn.

4 ① C ② A ③ B

5 ① 哪儿 ② 在 ③ 那儿

CHAPTER 05 她是谁?

그녀는 누구예요?

참 쉬운 회화

회화 1

왕 선생님 이것은 뭐니?

마크 이것은 중국어 책이에요.

왕 선생님 저것은 너의 핸드폰이니?

마크 네, 저것은 제 핸드폰이에요.

회화 2

샤오메이 그녀는 누구니?

대한 그녀는 선생님이야.

샤오메이 그녀는 너의 선생님이니, 아니니?

대한 그녀는 나의 선생님이 아니야.

표현 키우기 확장 연습

❶ 중국어 책
중국어 책입니다
이것은 중국어 책입니다.
이것은 탁자입니다.
이것은 손목시계입니다.
이것은 책가방입니다.

❷ 선생님
나의 선생님
나의 신생님이 아닙니디
그녀(그)는 나의 선생님이 아닙니다.
그는 나의 남동생이 아닙니다.
그녀는 나의 누나(언니)가 아닙니다.
그녀(그)는 나의 친구가 아닙니다.

다음을 중국어로 말해 보세요.

- 这是书包。
- 他不是我的弟弟。

회화 익히기 그림 보고 말하기

1 ❶ 这(那)是水果。这(那)不是水果。
❷ 这(那)是椅子。这(那)不是椅子。
❸ 这(那)是衣服。这(那)不是衣服。

2 ❶ 她是我的奶奶。
❷ 她是我的女朋友。
❸ 他是我的弟弟。

실력 쌓기 연습문제

2 ❶ Wǒ yě hěn hǎo.
❷ Bàba yě bú qù yóujú.
❸ Tā bú shì xuésheng.

3 ❶ Zhè shì shénme?
❷ Nà shì shǒujī.
❸ Tā shì lǎoshī.

4 ❶ 那是谁的汉语书?
❷ 她是我的姐姐。
❸ 这不是我的书包。

5 ❶ 谁 ❷ 的 ❸ 是

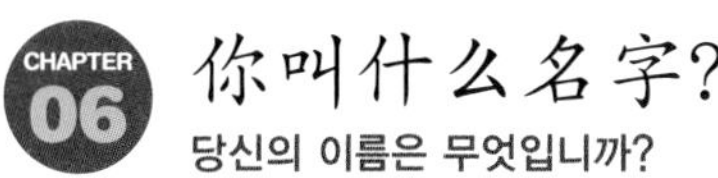

你叫什么名字?
당신의 이름은 무엇입니까?

참 쉬운 회화

회화 1

안나 안녕! 너는 성이 어떻게 되니?
대한 나는 이씨고, 이대한이라고 해.
너의 이름은 뭐니?
안나 나는 성이 화이트고, 안나 화이트라고 해.

회화 2

안나 너는 중국인이니?
대한 아니, 나는 한국인이야. 너는 어느 나라 사람이니?
안나 나는 미국인이야.
대한 너를 알게 되어 기뻐.

실력 다지기 어법

1 ① 姓 ② 叫

2 ① 他学什么? ② 你们吃什么菜?

3 ① B ② C ③ A

표현 키우기 확장 연습

① 성이 ~이다
이씨입니다
나는 이씨입니다.
나는 왕씨입니다.
나는 장씨입니다.
나는 류씨입니다.

② 한국인
한국인입니다
나는 한국인입니다.
나는 중국인입니다.
나는 프랑스인입니다.
나는 일본인입니다.

다음을 중국어로 말해 보세요.
- 我姓张。
- 我是中国人。

회화 익히기 그림 보고 말하기

1 ① 他姓吐温，叫马克吐温。
② 我姓王，叫王丽丽。
③ 我姓怀特，叫安娜怀特。
④ 她姓张，叫张小美。

2 ① 我是中国人。
② 他是美国人。
③ 不，我是法国人。
④ 不，她是日本人。

실력 쌓기 연습문제

1 [참고 답안]
① 我叫李大韩。
② 我是韩国人。
③ 不，我的老师是中国人。

녹음 원문
① 你叫什么名字?
② 你是哪国人?
③ 你的老师是韩国人吗?

2 ① B ② A ③ C

3 ① 你叫什么名字?
② 你的老师是哪国人?
③ 哥哥在哪儿?

4 ❶ 她叫什么名字?
❷ 认识你，很高兴。
❸ 我姓王。

5 A 你好! 您贵姓?
B 我姓(张/史密斯)，叫(张海红/大卫史密斯)。
A 你是哪国人?
B 我是(中国人/美国人)。

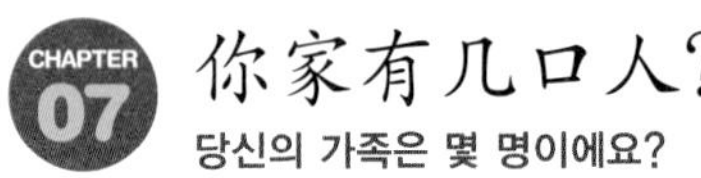

你家有几口人?

당신의 가족은 몇 명이에요?

참 쉬운 회화

회화 1

대한 너희 가족은 몇 명이니?
안나 우리 가족은 네 명이야.
대한 모두 어떤 사람들이 있니?
안나 아빠, 엄마, 오빠 그리고 나.

회화 2

대한 너희 오빠는 나이가 어떻게 되니?
안나 그는 28살이야.
대한 그는 무슨 일을 하니?
안나 그는 방송국에서 일해.

실력 다지기 어법

1 ❶ 我没有妹妹。 ❷ 我有手机。

2 ❶ C ❷ B ❸ A

3 ❶ 重 ❷ 高

4 ❶ 我们在饭馆儿吃饭。
❷ 爸爸在公司工作。

표현 키우기 확장 연습

❶ 네 식구
네 식구가 있습니다
우리 가족은 네 식구입니다.
우리 가족은 세 식구입니다.
우리 가족은 다섯 식구입니다.
우리 가족은 여섯 식구입니다.

❷ 방송국
방송국에서
방송국에서 일합니다
그는 방송국에서 일합니다.
그는 회사에서 일합니다.
그는 병원에서 일합니다.
그는 학교에서 일합니다.

다음을 중국어로 말해 보세요.
• 我家有五口人。
• 他在学校工作。

회화 익히기 그림 보고 말하기

1 ❶ 有没有书包?
ⓐ 没有书包。 ⓑ 有书包。
❷ 有没有电脑?
ⓐ 没有电脑。 ⓑ 有电脑。
❸ 有没有电视?
ⓐ 有电视。 ⓑ 没有电视。
❹ 有没有手机?
ⓐ 有手机。 ⓑ 没有手机。

2 ❶ 他家有九口人。
❷ 爷爷、奶奶、爸爸、妈妈、姐姐、哥哥、弟弟、妹妹和他。

3 ❶ 她有弟弟。
❷ 他十岁。

4 ❶ 她家有五口人。
❷ 他在医院工作。他是大夫。

5 ❶ 他在学校工作。他是老师。
❷ 他三十五岁。

실력 쌓기 연습문제

1 [참고 답안]
❶ 我家有五口人。
❷ 爸爸是大夫，妈妈是老师。
❸ 姐姐是学生。

녹음 원문
① 我家有五口人。爸爸、妈妈、哥哥、姐姐和我。
② 我爸爸是大夫，妈妈是老师。
③ 哥哥在公司工作。姐姐是学生。

2 ❶ C ❷ A ❸ B

3 ❶ 我家有四口人。爸爸、妈妈、哥哥和我。
❷ 哥哥二十八岁，他在电视台工作。

4 ❶ 我没有弟弟。
❷ 你做什么工作?
❸ 我在医院工作。

5 A 你家有几口人?
B 我家有(三口人/五口人)。
A 都有什么人?
B (爸爸、妈妈和我/爸爸、妈妈、妹妹、弟弟和我)。

你每天早上干什么?

당신은 매일 아침 무엇을 하나요?

참 쉬운 회화

회화 1

안나 너는 매일 아침 무엇을 하니?
마크 나는 매일 아침 조깅을 해.
안나 왜?
마크 신체 단련을 하려고.

회화 2

샤오메이 너는 오늘 몇 시에 수업이 끝나?
대한 나는 오후 2시에 수업이 끝나.
샤오메이 너는 내일 수업이 있니?
대한 아니, 내일은 수업이 없어.

실력 다지기 어법

1 ❶ 早上 ❷ 저녁, 밤 ❸ 오늘
❹ 明天 ❺ 去年 ❻ 내년

2 ❶ 什么 ❷ 为什么 ❸ 怎么样

3 ❶ 十二点零五分
❷ 两点一刻 / 两点十五分
❸ 六点半 / 六点三十分

표현 키우기 확장 연습

❶ 수업이 끝납니다
몇 시에 수업이 끝납니까
당신은 몇 시에 수업이 끝납니까?
당신은 몇 시에 퇴근합니까?
당신은 몇 시에 일어납니까?
당신은 몇 시에 잡니까?

❷ 2시

2시에 수업이 끝납니다

나는 2시에 수업이 끝납니다.

나는 4시 45분에 수업이 끝납니다.

나는 5시에 수업이 끝납니다.

나는 8시 반에 수업이 끝납니다.

다음을 중국어로 말해 보세요.

•你几点起床?

•我五点下课。

회화 익히기 그림 보고 말하기

1 ❶ 他今天晚上去朋友家。

❷ 他明天晚上看电影。

❸ 他前天晚上在宿舍。

❹ 他昨天早上在图书馆。

❺ 他后天晚上喝酒。

❻ 他明天早上去学校。

2 ❶ 他早上七点十五分吃早饭。/ 他早上七点一刻吃早饭。

❷ 他上午十点上课。

❸ 他中午十二点吃午饭。

❹ 他下午两点三十分下课。/ 他下午两点半下课。

❺ 他下午四点去麦当劳。

❻ 他晚上八点四十五分玩儿电脑。/ 他晚上八点三刻玩儿电脑。

❼ 他晚上十一点五十五分睡觉。/ 他晚上差五分十二点睡觉。

실력 쌓기 연습문제

1 ❶ C ❷ D ❸ A ❹ B

녹음 원문

① 我每天早上喝咖啡。

② 我每天晚上看电视。

③ 我后天去朋友家。

④ 我后年去中国。

2 ❶ B ❷ C ❸ A

3 ❶ 我今天早上八点起床。八点半吃早饭。九点去学校。

❷ 我每天上午十点上课，下午四点半下课。

❸ 爸爸早上九点零五分上班，晚上七点一刻下班。

4 ❶ 我每天早上去图书馆。

❷ 你每天几点去学校?

❸ 我每天早上六点四十五分起床。/ 我每天早上六点三刻起床。

5 A 你每天早上干什么?

B 我每天(早上游泳/早上打太极拳)。

A 你今天几点(上班/吃午饭)?

B 我(上午九点上班/下午十二点半吃午饭)。

你的生日是几月几号?
당신의 생일은 몇 월 며칠이에요?

참 쉬운 회화

회화 1

샤오메이 너의 생일은 몇 월 며칠이니?
대한 4월 14일이야. 너는?
샤오메이 오늘이 바로 내 생일이야.
대한 정말? 생일 축하해!

회화 2

샤오메이 오늘 우리 어디에서 옷을 살까?
대한 백화점에 가자. 내가 너에게 옷을 사줄게.
샤오메이 정말? 그곳의 옷은 굉장히 비싸.
대한 괜찮아. 난 돈이 있어.

실력 다지기 어법

1 ❶ 一九八二年一月九号星期六
❷ 二零零二年六月二十三号星期天
❸ 二零一五年十二月三十一号星期四

2 ❶ 今天四月十号。
❷ 今天不是星期五，是星期四。

3 ❶ 오늘은 토요일이죠?
❷ 우리 서점에 가요.

4 ❶ 爸爸给我做菜。
❷ 我给弟弟买小说。

표현 키우기 확장 연습

❶ 4월 14일
생일은 4월 14일입니다
나의 생일은 4월 14일입니다.

나의 생일은 1월 2일입니다.
나의 생일은 8월 13일입니다.
나의 생일은 10월 29일입니다.

❷ 옷을 삽니다
당신에게 옷을 사줍니다
나는 당신에게 옷을 사줍니다.

나는 여자 친구에게 옷을 사줍니다.
나는 딸에게 옷을 사줍니다.
나는 아빠에게 옷을 사드립니다.

다음을 중국어로 말해 보세요.

• 我的生日是八月十三号。
• 我给女朋友买衣服。

회화 익히기 그림 보고 말하기

1 ❶ 后天五月三十号，星期六。
❷ 爸爸的生日是五月二十五号，星期一。
❸ 儿童节是五月五号，星期二。
❹ 母亲节(父亲节)是五月八号，星期五。
❺ 教师节是五月十五号，星期五。

2 ❶ 哥哥在饭馆儿吃饭。
❷ 妈妈给弟弟做菜。
❸ 爸爸在百货商店买鞋。
❹ 姐姐给奶奶打电话。

실력 쌓기 연습문제

1 [참고 답안]
❶ 今天是九月二十二号。
❷ 今天不是星期四，是星期五。
❸ 九月二十六号是星期二。
❹ 明年是2024年。

녹음 원문

① 今天几月几号?
② 今天是星期四吗?
③ 九月二十六号是星期几?
④ 明年是二零几几年?

2 ❶ B ❷ A ❸ C

3 ❶ 吧 ❷ 给 ❸ 在

4 ❶ 明天不是星期四。
❷ 今天是十一号吗?
❸ 姐姐每天晚上给男朋友打电话。

5 A 你的生日是几月几号?
B (四月二十二号/八月五号/十二月十八号)。你呢?
A 今天就是我的生日。
B 真的? 祝你生日快乐!

CHAPTER 10 下午去看电影。

오후에 영화 보러 가요.

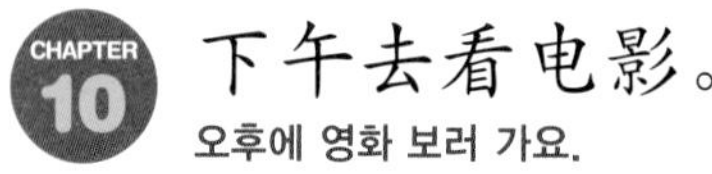

참 쉬운 회화

회화 1

대한	이번 주 토요일에 너는 바쁘니?
안나	바빠. 오전에는 상점에 물건을 사러 가.
대한	오후에는 뭘 하니?
안나	오후에는 영화를 보러 가.

회화 2

마크	여보세요, 왕 선생님 계세요?
선생님	죄송합니다. 지금 안 계세요.
마크	언제 돌아오세요?
선생님	모레 오후에 돌아오세요.

실력 다지기 어법

1 上个星期 / 下个星期

2 ❶ 我去百货商店买裤子。
❷ 我去中国学汉语。

3 ❶ C ❷ D ❸ B ❹ A

표현 키우기 확장 연습

❶ 영화를 봅니다
영화를 보러 갑니다
나는 영화를 보러 갑니다.
나는 책을 빌리러 갑니다.
나는 표를 사러 갑니다.
나는 과일을 사러 갑니다.

❷ 돌아옵니다
언제 돌아옵니까
그녀는 언제 돌아옵니까?
그녀는 언제 중국에 갑니까?
그녀는 언제 귀국합니까?
그녀는 언제 결혼합니까?

다음을 중국어로 말해 보세요.

- 我去借书。
- 她什么时候去中国?

회화 익히기 그림 보고 말하기

1 ❶ 妈妈去商店买东西。
❷ 爸爸去火车站买票。
❸ 哥哥去电影院看电影。
❹ 妹妹去图书馆借书。

2 ❶ 弟弟上来。
❷ 弟弟下来。
❸ 小狗进去。

④ 小狗出来。
⑤ 姐姐进来。
⑥ 哥哥出去。
⑦ 爸爸过来。
⑧ 妈妈过去。
⑨ 中国朋友回去。
⑩ 大韩回来。

실력 쌓기 연습문제

1 ① A 大韩，你去哪儿?
B 我去商店。
A 你去买什么?
B 我去买可乐。
② A 你来韩国干什么?
B 我来工作。
A 你什么时候回去?
B 我明年二月回去。

2 ① B ② C ③ A

3 ① 我下午去图书馆看书。
나는 오후에 책을 보러 도서관에 갑니다.
② 我们都去饭馆儿吃饭。
우리는 모두 밥을 먹으러 음식점에 갑니다.

4 ① 我这个星期六去看电影。
② 我去商店买水果。
③ 喂，王老师在吗?

5 A 这个星期六你忙吗?
B 很忙。上午去商店(买椅子/买杯子)。
A 下午做什么?
B 下午(去看京剧/打篮球)。

CHAPTER 11 你吃饭了吗?
당신은 식사했어요?

참 쉬운 회화

회화 1

마크 너는 밥 먹었어?
안나 먹었어. 너는?
마크 나는 아직 안 먹었어. 배고파 죽겠어.
안나 어서 와서 밥 먹어.

회화 2

대한 햄버거 두 개 주세요.
종업원 무엇을 마시겠습니까?
대한 콜라 두 잔 주세요.
종업원 네, 잠시만 기다리세요.

실력 다지기 어법

1 ① 我没看电影。
② 昨天我没去图书馆。

2 ① 我没买衣服。
② 明年我不去美国。

3 ① 一件衣服 ② 三个人 ③ 六本书

4 ① 张老师教我们汉语。
② 他给我一封信。

표현 키우기 확장 연습

① 밥을 먹습니다
밥을 먹었습니다
밥을 먹었습니까
당신은 밥을 먹었습니까?
Ⓐ 당신은 책을 봤습니까?
당신은 술을 마셨습니까?

당신은 옷을 샀습니까?

② 햄버거 두 개
햄버거 두 개를 원합니다
저는 햄버거 두 개를 원합니다.

저는 책 두 권을 원합니다.
저는 맥주 두 병을 원합니다.
저는 옷 두 벌을 원합니다.

다음을 중국어로 말해 보세요.

- 你买衣服了吗?
- 我要两本书。

회화 익히기 그림 보고 말하기

1 ① 弟弟看书了。妹妹还没看书。
② 姐姐吃饭了。哥哥还没吃饭。
③ 爷爷起床了。奶奶还没起床。
④ 爸爸喝酒了。妈妈还没喝酒。

2 ① 妹妹看书了。妹妹看了五本书。
② 爸爸喝酒了。爸爸喝了四瓶酒。
③ 哥哥吃饭了。哥哥吃了两碗饭。
④ 妈妈买衣服了。妈妈买了一件衣服。

실력 쌓기 연습문제

1 ① 我有一支铅笔和两本书。
② 我要一个汉堡包和一杯可乐。
③ 我买三件衣服。

2 ① C ② A ③ B

3 ① 起床了吗? 起床了没有? → 没起床。
② 他去了吗? 他去了没有? → 他没去。
③ 老师来了吗? 老师来了没有? → 老师没来。

4 ① 累死了。
② 我喝了两杯咖啡。
③ 请等一下。

5 A 我们要(三个三明治/一盘比萨)。
B 你们喝什么?
A 给我们(三杯咖啡/两杯啤酒)。
B 好，请等一下。

你会说汉语吗?
당신은 중국어를 말할 줄 아나요?

참 쉬운 회화

회화 1

대한 선생님, 안녕하세요!
왕 선생님 얘들아, 안녕! 그녀는 누구니?
대한 이쪽은 저의 미국 친구인 안나예요.
안나 안녕하세요! 당신을 알게 되어 매우 기뻐요.
왕 선생님 앉아, 차 마시렴. 너는 중국어를 말할 줄 아니?
안나 저는 조금 할 줄 알아요.

회화 2

친구 중국어는 어렵니, 어렵지 않니?
대한 듣기와 말하기는 그다지 어렵지 않는데, 쓰기는 어려워.
친구 너의 선생님은 어때?
대한 그녀는 아주 성실하셔. 우리 반 학생들은 모두 그녀를 좋아해.
친구 나도 중국어를 배우고 싶어.
대한 너도 나와 함께 중국어를 배우자.

실력 다지기 어법

1 ❶ 我不会说英语。
❷ 你会游泳吗?

2 ❶ B ❷ C

3 ❶ 你想去长城吗?
❷ 我不想吃中国菜。

4 ❶ 你跟谁一起去看电影?
❷ 我跟朋友一起去中国。

표현 키우기 확장 연습

❶ 중국어를 말합니다
중국어를 말할 줄 압니다
중국어를 말할 줄 압니까
당신은 중국어를 말할 줄 압니까?
당신은 운전할 줄 압니까?
당신은 피아노를 칠 줄 압니까?
당신은 자전거를 탈 줄 압니까?

❷ 중국어를 배웁니다
중국어를 배우고 싶습니다
나도 중국어를 배우고 싶습니다.
나도 볼링을 치고 싶습니다.
나도 춤을 추고 싶습니다.
나도 수영하고 싶습니다.

다음을 중국어로 말해 보세요.
• 你会开车吗?
• 我也想游泳。

회화 익히기 그림 보고 말하기

1 ❶ 弟弟会打保龄球。弟弟不会说英语。
❷ 奶奶会做中国菜。奶奶不会弹钢琴。
❸ 姐姐会跳舞。姐姐不会骑自行车。
❹ 爸爸会游泳。爸爸不会做菜。

2 ❶ 爸爸学法语。他想去法国。
❷ 爷爷很饿。他想吃饭。
❸ 老师很累。她想休息。
❹ 哥哥很困。他想喝咖啡。

실력 쌓기 연습문제

1 ❶ 哥哥会做中国菜。
❷ 哥哥做的菜非常好吃。
❸ 我会做日本菜。
❹ 我不会说汉语。

녹음 원문

哥哥会做中国菜，哥哥做的菜非常好吃。我会做日本菜，朋友们很喜欢吃我做的菜。哥哥会说汉语。我不会说汉语，我会说英语。

2 ❶ C ❷ B ❸ A

3 ❶ 会 ❷ 想 ❸ 跟

4 ❶ 这是我的中国朋友小美。
❷ 你会骑自行车吗?
❸ 汉语有意思吗?

5 A 你会(打网球/弹钢琴/画画儿)吗?
B 我会一点儿。
A 我想学(打网球/弹钢琴/画画儿)。
B 你也跟我一起学(打网球/弹钢琴/画画儿)吧。

CHAPTER 13 你在干什么?

당신은 무엇을 하고 있나요?

참 쉬운 회화

회화 1

안나 너는 뭘 하고 있어?
대한 나는 운전하고 있어.
안나 너는 어디에 가니?
대한 나는 선생님 댁에 가.
안나 너는 거기에 뭘 하러 가는데?
대한 그녀에게 중국어를 배워.
안나 그녀는 어디에 살아?
대한 그녀는 첸먼 근처에 살아.

회화 2

대한 오늘 날씨 정말 좋다!
샤오메이 우리 나가서 놀자.
대한 너는 어디에 가고 싶어?
샤오메이 나는 판다를 보고 싶어.
대한 그럼, 우리 베이징 동물원에 가자.
샤오메이 어떻게 가지?
대한 자전거를 타고 가자.
샤오메이 좋아, 나는 자전거 타는 걸 좋아해.

실력 다지기 어법

1 ❶ 我的老师在北京。
나의 선생님은 베이징에 계십니다.
❷ 妈妈在商店买东西。
엄마는 상점에서 물건을 삽니다.
❸ 爸爸在开车。
아빠는 운전하고 있습니다.

❶ 他在打电话。
❷ 他在喝咖啡。
❸ 她在打乒乓球。

2 ❶ 你们什么时候去动物园?
❷ 今天你们在哪儿吃饭?
❸ 爸爸怎么去中国?

3 ❶ 坐 ❷ 骑 ❸ 坐

표현 키우기 확장 연습

❶ 운전합니다
운전하고 있습니다
나는 운전하고 있습니다.
나는 숙제를 하고 있습니다.
나는 쉬고 있습니다.
나는 설거지를 하고 있습니다.

❷ 자전거를 탑니다
자전거를 타고 갑니다
우리 자전거를 타고 갑시다.
우리 오토바이를 타고 갑시다.
우리 택시를 타고 갑시다.
우리 배를 타고 갑시다.

다음을 중국어로 말해 보세요.
•我在做作业。
•我们坐出租车去吧。

회화 익히기 그림 보고 말하기

1 ❶ 大韩在骑自行车。
❷ 妹妹在做作业。
❸ 姐姐在听音乐。
❹ 妈妈在做菜。
❺ 爸爸在看报。
❻ 弟弟没在洗碗，他在洗澡。
❼ 哥哥在打篮球。
❽ 奶奶没在睡觉，她在看电视。

2 ❶ 爸爸坐船去青岛。

❷ 大韩跟小美坐出租车去颐和园。

❸ 哥哥和女朋友骑自行车去游乐场。

❹ 爷爷坐飞机去美国。

실력 쌓기 연습문제

1 ❶ 我每天早上去老师家学汉语。

❷ 我会骑自行车。

❸ 今天我骑自行车去老师家。

❹ 老师住在前门附近。

2 ❶ A ❷ C ❸ B

3 ❶ 跟 ❷ 在 ❸ 附近

4 ❶ 我没在看电视，在看书。

❷ 今天天气真好，出去玩儿吧。

❸ 我很喜欢开车。

5 A 你想去哪儿?

B 我想去(颐和园/长城/天安门)。

A 怎么去?

B (骑自行车/坐出租车/坐地铁)去吧。

多少钱一斤?

한 근에 얼마예요?

참 쉬운 회화

회화 1

판매원 어서 오세요! 무엇을 원하세요?

대한 저는 지갑을 하나 사려고 하는데요.

판매원 당신이 사용할 것인가요?

대한 아니요, 여자 친구에게 사주는 거예요.

판매원 그녀는 무슨 색을 좋아하나요?

대한 그녀는 빨간색을 좋아해요.

판매원 보세요, 이것은 어때요?

대한 정말 예쁘네요. 이걸로 살게요.

회화 2

샤오메이 대한아, 사과 먹어 봐.

대한 이 사과는 정말 달아!

샤오메이 이것은 내가 어제 산 거야.

대한 어디서 산 거야?

샤오메이 마트에서 샀어.

대한 한 근에 얼마야?

샤오메이 한 근에 3.5위안이야.

대한 아주 싸네.

실력 다지기 어법

1 ❶ 我要买一个书包。

나는 책가방 하나를 사려고 합니다.

❷ 你要什么颜色?

당신은 어떤 색을 원하세요?

2 ❶ 你们要几杯咖啡?

→ 我们要两杯咖啡。

❷ 这儿有多少个学生?

→ 这儿有二十五个学生。

❸ 你要买几件衣服?

→ 我要买两件衣服。

④ 你要买几支铅笔?

→ 我要买三支铅笔。

3 ① 十二块

② 七十二块八毛

③ 一百零五块

표현 키우기 확장 연습

① 지갑 하나

지갑 하나를 삽니다

지갑 하나를 사려고 합니다

나는 지갑 하나를 사려고 합니다.

나는 신발 한 켤레를 사려고 합니다.

나는 노트 두 권을 사려고 합니다.

나는 인형 세 개를 사려고 합니다.

② 얼마예요

한 근에 얼마예요

사과는 한 근에 얼마예요?

바나나는 한 근에 얼마예요?

귤은 한 근에 얼마예요?

딸기는 한 근에 얼마예요?

다음을 중국어로 말해 보세요.

• 我要买一双鞋。

• 香蕉多少钱一斤?

회화 익히기 그림 보고 말하기

1 ① 妹妹喜欢粉红色的衣服和红色的书包。

② 爷爷喜欢灰色的衣服和黑色的鞋。

③ 姐姐喜欢黄色的衣服和绿色的袜子。

④ 妈妈喜欢橘黄色的衣服。

2 ① 一个娃娃五十块钱。

② 两件衣服三百块钱。

③ 两斤苹果七块，一斤香蕉五块八毛，一共十二块八毛。

실력 쌓기 연습문제

1 ① × ② × ③ ○ ④ ○

녹음 원문

今天下午我跟朋友一起去书店。我跟我朋友要买书。一本汉语书38.60，一本英语书24.90。我买了一本汉语书。我的朋友买了一本汉语书和两本英语书。

2 ① C ② A ③ B

3 ① 给 ② 什么 ③ 要

4 ① 我要买电脑。

② 你喜欢什么颜色?

③ 这个橘子真甜。

5 ① 三十八块

② 七十七块

테마 게임 퍼즐

➔ 5과 98쪽

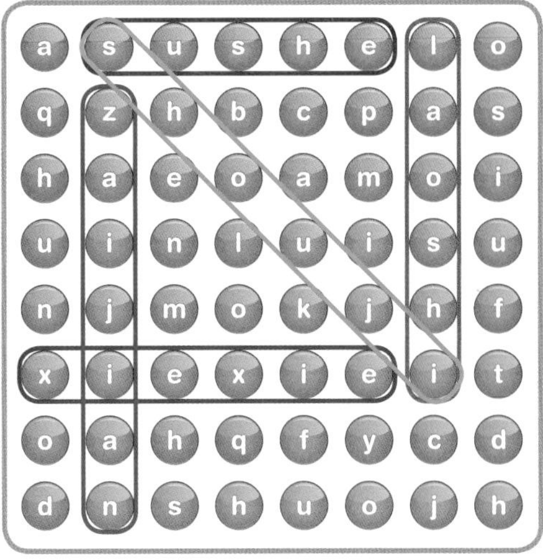

➔ 14과 224쪽

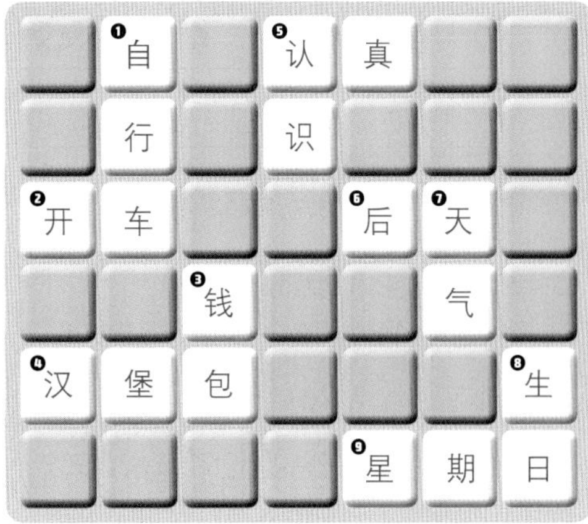

➔ 9과 154쪽

❷ nǐ	❸ zhù	nǐ	shēng	rì	xué
guì	jiào	xìng	nǎr	kuài	lè
❹ nǐ	jiā	shén	❶ wǒ	shì	Hán
yǒu	jǐ	yì	me	shè	guó
❺ míng	kǒu	rén	tā	míng	rén
tiān	méi	yǒu	kè	rèn	zi

1. Wǒ shì Hánguórén.
2. Nǐ jiào shénme míngzi?
3. Zhù nǐ shēngrì kuàilè!
4. Nǐ jiā yǒu jǐ kǒu rén?
5. Míngtiān méiyǒu kè.

찾아
보기

찾아
보기

M

N

P

Q

찾아
보기

W

娃娃 wáwa 명 인형 219
袜子 wàzi 명 양말 220
玩儿 wánr 동 놀다 199
玩儿电脑 wánr diànnǎo 컴퓨터를 하다 137
晚上 wǎnshang 명 저녁 35
喂 wéi 감탄 (전화할 때의) 여보세요 157
为什么 wèishénme 대 왜, 어째서 129
问 wèn 동 묻다 176
问题 wèntí 명 문제 176
我 wǒ 대 나 45
我们 wǒmen 대 우리(들) 143
五 wǔ 수 5, 다섯 115, 121
午饭 wǔfàn 명 점심 식사 137

X

洗碗 xǐ wǎn 설거지를 하다 205
洗澡 xǐ zǎo 동 목욕하다 206
喜欢 xǐhuan 동 좋아하다 185
下班 xià bān 동 퇴근하다 135
下课 xià kè 동 수업이 끝나다, 수업을 마치다 129
下午 xiàwǔ 명 오후 35, 129
现在 xiànzài 명 지금, 현재 134, 157
香蕉 xiāngjiāo 명 바나나 219
想 xiǎng 조동 ~하고 싶다 185
小狗 xiǎogǒu 명 강아지 193
小说 xiǎoshuō 명 소설책 148
鞋 xié 명 신발 151, 219
写 xiě 동 쓰다 185
谢谢 xièxie 동 감사합니다, 고맙습니다 31, 37
信 xìn 명 편지 176
星期 xīngqī 명 주(週), 요일 157
姓 xìng 동 성이 ~이다 101
熊猫 xióngmāo 명 판다 199
休息 xiūxi 동 쉬다 205
学 xué 동 배우다, 공부하다 59, 65
学生 xuésheng 명 학생 90
学习 xuéxí 동 공부하다, 학습하다 195
学校 xuéxiào 명 학교 76, 121

Y

颜色 yánsè 명 색깔 213
要 yào 동 원하다, 필요하다 조동 ~해야 하다, ~하려고 하다, ~할 것이다 171, 195, 213
爷爷 yéye 명 할아버지 79
也 yě 부 ~도 45
一 yī 수 1, 하나 115
一点儿 yìdiǎnr 조금 185
一共 yígòng 부 모두, 전부 221
一起 yìqǐ 부 같이, 함께 185
一下 yíxià 한 번, 잠시 171
衣服 yīfu 명 옷 90, 92, 177
医院 yīyuàn 명 병원 78, 121
椅子 yǐzi 명 의자 92
音乐 yīnyuè 명 음악 69
银行 yínháng 명 은행 78
英语 Yīngyǔ 명 영어 63
用 yòng 동 사용하다 213
邮局 yóujú 명 우체국 79
游乐场 yóulèchǎng 명 놀이공원 207
游泳 yóu yǒng 동 수영하다 139, 191
有 yǒu 동 가지고 있다 115

찾아
보기

NEW

참 쉬운 중국어

JRC 중국어연구소 기획·저

1

맛있는 books

NEW

참 쉬운 중국어

❶

맛있는 books

『참 쉬운 중국어』 쓰기 노트 200% 활용법

중국어 제대로 쓰고, 제대로 읽으세요!
MP3 파일과 함께 중국어를 써보고, 자투리 시간에 가볍게 듣고 다니면서 암송 노트로 적극적으로 활용해 보세요.

★「**단어** 쓰기」와 「**문형** 쓰기」에는 **우리말 녹음** 이 제공됩니다

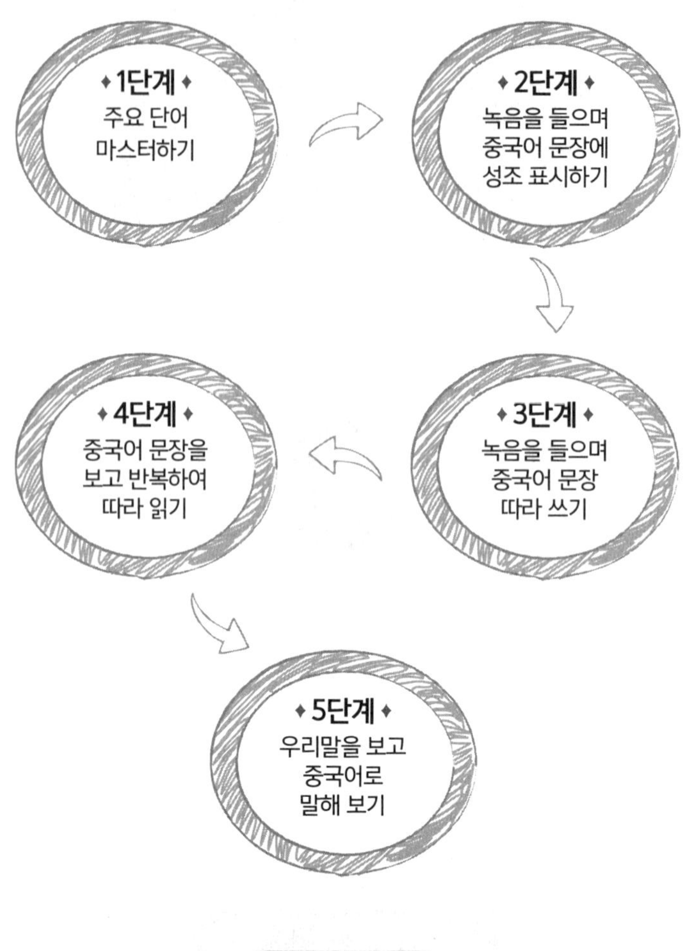

◆1단계◆
주요 단어 마스터하기
◆2단계◆
녹음을 들으며 중국어 문장에 성조 표시하기
◆3단계◆
녹음을 들으며 중국어 문장 따라 쓰기
◆4단계◆
중국어 문장을 보고 반복하여 따라 읽기
◆5단계◆
우리말을 보고 중국어로 말해 보기

check point!

- ★ 원어민 발음에 귀 기울이며 중국어를 씁니다.
- ★ 반드시 자신의 입으로 따라 읽어야 합니다.
- ★ 자연스럽게 중국어가 나올 때까지 큰 소리로 반복해서 읽습니다.
- ★ 매일매일 반복하며, 항상 CHAPTER01부터 시작해 암송합니다.

MP3 **파일**은 맛있는북스 홈페이지(www.booksJRC.com)에서 무료로 다운로드 할 수 있습니다.

CHAPTER 01

你好!

안녕하세요!

1 단어 쓰기 | 녹음을 들으며 단어를 써보세요.

단어	쓰기
你 nǐ 대 너, 당신	你
好 hǎo 형 좋다, 안녕하다	好
再见 zàijiàn 동 잘 가, 안녕	再见
谢谢 xièxie 동 감사합니다, 고맙습니다	谢谢
不客气 bú kèqi 천만에요	不客气
对不起 duìbuqǐ 동 미안합니다	对不起
没关系 méi guānxi 괜찮다, 상관없다	没关系

2 회화 쓰기 | 녹음을 들으며 성조를 표시한 후, 회화를 써보세요.

회화 1 만났을 때

Track02

大韩 你好!

Ni hao!

小美 你好!

Ni hao!

회화 2 헤어질 때

Track03

大韩 再见!

Zaijian!

小美 再见!

Zaijian!

다음을 중국어로 말해 보세요.

연습한 횟수만큼 체크해 보세요. 1 2 3 4 5

대한 안녕!
샤오메이 안녕!

대한 잘 가!
샤오메이 잘 가!

회화 3 감사할 때

Track04

马克 谢谢!

Xiexie!

小美 不客气!

Bu keqi!

회화 4 사과할 때

Track05

小美 对不起!

Duibuqi!

马克 没关系!

Mei guanxi!

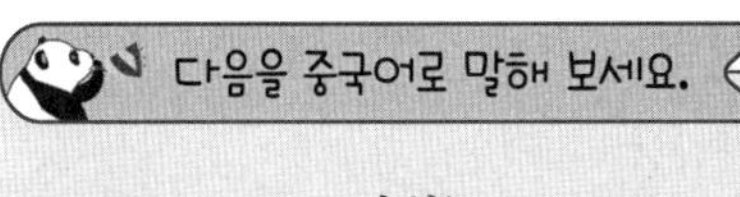

연습한 횟수만큼 체크 해 보세요. ☆1 ☆2 ☆3 ☆4 ☆5

마크	고마워!	샤오메이	미안해!
샤오메이	천만에!	마크	괜찮아!

3 문형 쓰기 | 녹음을 들으며 성조를 표시한 후, 문장을 써보세요.

❶ 你好!

Ni hao!

你们好!

Nimen hao!

大家好!

Dajia hao!

老师好!

Laoshi hao!

❷ 再见!

Zaijian!

明天见!

Mingtian jian!

晚上见!

Wanshang jian!

下午见!

Xiawu jian!

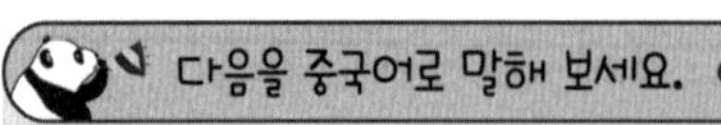

연습한 횟수만큼 체크해 보세요. 1 2 3 4 5

❶ 안녕하세요!
여러분, 안녕하세요!
여러분, 안녕하세요!
선생님, 안녕하세요!

❷ 안녕히 계세요!(안녕히 가세요!)
내일 봐요!
저녁에 봐요!
오후에 봐요!

CHAPTER 02

你好吗?

당신은 잘 지내요?

1 단어 쓰기 | 녹음을 들으며 단어를 써보세요.

단어	쓰기
吗 ma 조 ~까?, ~요?	吗
我 wǒ 대 나	我
很 hěn 부 매우, 아주	很
呢 ne 조 ~는요?	呢
忙 máng 형 바쁘다	忙
不 bù 부 ~하지 않다	不
累 lèi 형 피곤하다	累

2 회화 쓰기 | 녹음을 들으며 성조를 표시한 후, 회화를 써보세요.

회화 *1 **안부 묻기**

大韩 你好吗?

Ni hao ma?

小美 我很好。你呢?

Wo hen hao. Ni ne?

大韩 我也很好。

Wo ye hen hao.

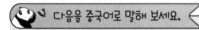

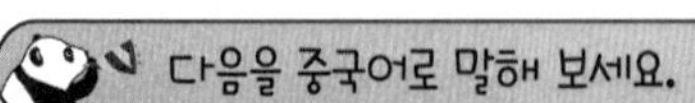

연습한 횟수만큼 체크해 보세요. 1 2 3 4 5

대한 잘 지내니?
샤오메이 잘 지내. 너는?
대한 나도 잘 지내.

회화 2 일상생활에 대해

Track09

大韩 你忙吗?

Ni mang ma?

小美 我不忙。

Wo bu mang.

大韩 你累吗?

Ni lei ma?

小美 我不累。

Wo bu lei.

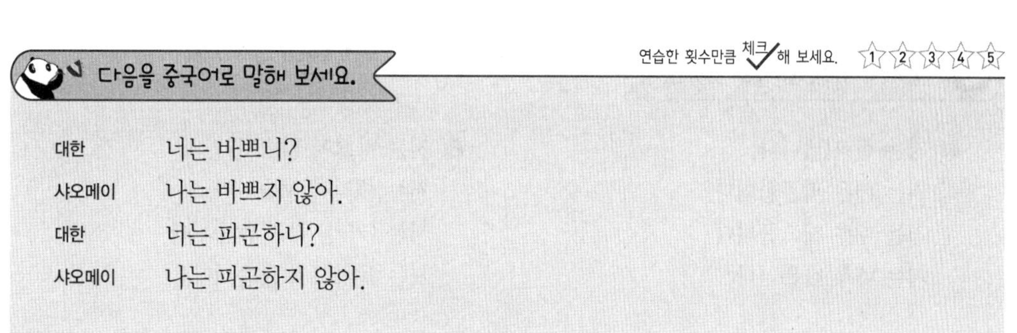

다음을 중국어로 말해 보세요.
연습한 횟수만큼 체크해 보세요. 1 2 3 4 5
대한 너는 바쁘니?
샤오메이 나는 바쁘지 않아.
대한 너는 피곤하니?
샤오메이 나는 피곤하지 않아.

3 문형 쓰기 | 녹음을 들으며 성조를 표시한 후, 문장을 써보세요.

Track 10

❶ 我很好。

Wo hen hao.

我很累。

Wo hen lei.

我很饿。

Wo hen e.

我很忙。

Wo hen mang.

❷ 我不忙。

Wo bu mang.

我不困。

Wo bu kun.

我不矮。

Wo bu ai.

我不渴。

Wo bu ke.

다음을 중국어로 말해 보세요.

연습한 횟수만큼 체크✓해 보세요. ☆1 ☆2 ☆3 ☆4 ☆5

❶ 저는 잘 지냅니다.
저는 매우 피곤합니다.
저는 매우 배고픕니다.
저는 매우 바쁩니다.

❷ 저는 바쁘지 않습니다.
저는 졸리지 않습니다.
저는 (키가) 작지 않습니다.
저는 목마르지 않습니다.

CHAPTER 03

你学什么?

당신은 무엇을 배워요?

1 단어 쓰기 | 녹음을 들으며 단어를 써보세요.

단어	쓰기
看 kàn 통 보다	看
他 tā 대 그	他
学 xué 통 배우다, 공부하다	学
什么 shénme 대 무엇, 무슨, 어떤	什么
汉语 Hànyǔ 명 중국어	汉语
怎么样 zěnmeyàng 대 어떠하다	怎么样
有意思 yǒu yìsi 재미있다	有意思

2 회화 쓰기 | 녹음을 들으며 성조를 표시한 후, 회화를 써보세요.

회화 1 **수업 전, 강의실에서**

Track 12

王老师 你看吗?

Ni kan ma?

马克 我不看。

Wo bu kan.

王老师 他看不看?

Ta kan bu kan?

马克 他也不看。

Ta ye bu kan.

다음을 중국어로 말해 보세요.

연습한 횟수만큼 체크해 보세요. ☆1 ☆2 ☆3 ☆4 ☆5

왕 선생님 너는 보니?

마크 저는 안 봐요.

왕 선생님 그는 보니, 안 보니?

마크 그도 안 봐요.

회화 2 도서관에서

小美 你学什么?

Ni xue shenme?

大韩 我学汉语。

Wo xue Hanyu.

小美 汉语怎么样?

Hanyu zenmeyang?

大韩 很有意思。

Hen you yisi.

다음을 중국어로 말해 보세요.

연습한 횟수만큼 체크 해 보세요. 1 2 3 4 5

샤오메이 너는 무엇을 배우니?

대한 나는 중국어를 배워.

샤오메이 중국어는 어때?

대한 아주 재미있어.

3 문형 쓰기 | 녹음을 들으며 성조를 표시한 후, 문장을 써보세요.

❶ 他看不看?

Ta kan bu kan?

他听不听?

Ta ting bu ting?

他吃不吃?

Ta chi bu chi?

他喝不喝?

Ta he bu he?

❷ 我学汉语。

Wo xue Hanyu.

我学英语。

Wo xue Yingyu.

我学韩国语。

Wo xue Hanguoyu.

我学日语。

Wo xue Riyu.

다음을 중국어로 말해 보세요.

연습한 횟수만큼 체크✓해 보세요. ☆1 ☆2 ☆3 ☆4 ☆5

❶ 그는 봅니까, 안 봅니까?
그는 듣습니까, 안 듣습니까?
그는 먹습니까, 안 먹습니까?
그는 마십니까, 안 마십니까?

❷ 나는 중국어를 배웁니다.
나는 영어를 배웁니다.
나는 한국어를 배웁니다.
나는 일본어를 배웁니다.

你去哪儿?

당신은 어디에 가나요?

1 단어 쓰기 | 녹음을 들으며 단어를 써보세요.

단어	쓰기
去 qù 동 가다	去
哪儿 nǎr 대 어디, 어느 곳	哪儿
食堂 shítáng 명 구내식당, 음식점	食堂
在 zài 동 ~에 있다	在
图书馆 túshūguǎn 명 도서관	图书馆
住 zhù 동 살다, 거주하다	住
宿舍 sùshè 명 기숙사	宿舍

2 회화 쓰기 | 녹음을 들으며 성조를 표시한 후, 회화를 써보세요.

회화 1 **점심시간에**

Track 16

小美 你去哪儿?

Ni qu nar?

马克 我去食堂。

Wo qu shitang.

小美 大韩在哪儿?

Dahan zai nar?

马克 他在图书馆。

Ta zai tushuguan.

연습한 횟수만큼 체크해 보세요. ☆1 ☆2 ☆3 ☆4 ☆5

샤오메이	너는 어디 가니?
마크	나는 식당에 가.
샤오메이	대한이는 어디 있어?
마크	그는 도서관에 있어.

회화 2 학교 캠퍼스에서

Track 17

小美 你住哪儿?

Ni zhu nar?

大韩 我住宿舍。

Wo zhu sushe.

小美 宿舍在哪儿?

Sushe zai nar?

大韩 在那儿。

Zai nar.

연습한 횟수만큼 체크 해 보세요. 1 2 3 4 5

다음을 중국어로 말해 보세요.

샤오메이 너는 어디 사니?
대한 나는 기숙사에 살아.
샤오메이 기숙사는 어디 있어?
대한 저기 있어.

3 문형 쓰기 | 녹음을 들으며 성조를 표시한 후, 문장을 써보세요.

❶ 我去食堂。

Wo qu shitang.

我去图书馆。

Wo qu tushuguan.

我去商店。

Wo qu shangdian.

我去故宫。

Wo qu Gugong.

❷ 宿舍在哪儿?

Sushe zai nar?

弟弟在哪儿?

Didi zai nar?

手机在哪儿?

Shouji zai nar?

饭馆儿在哪儿?

Fanguanr zai nar?

다음을 중국어로 말해 보세요.

연습한 횟수만큼 체크✓해 보세요. ☆1 ☆2 ☆3 ☆4 ☆5

❶ 나는 식당에 갑니다.
나는 도서관에 갑니다.
나는 상점에 갑니다.
나는 고궁에 갑니다.

❷ 기숙사는 어디에 있습니까?
남동생은 어디에 있습니까?
핸드폰은 어디에 있습니까?
음식점은 어디에 있습니까?

CHAPTER 05

她是谁?

그녀는 누구예요?

Track 19

1 단어 쓰기 | 녹음을 들으며 단어를 써보세요.

단어	쓰기
这 zhè 대 이, 이것	这
是 shì 동 ~이다	是
书 shū 명 책	书
那 nà 대 저, 저것	那
手机 shǒujī 명 휴대 전화, 핸드폰	手机
谁 shéi(shuí) 대 누구	谁
老师 lǎoshī 명 선생님	老师

2 회화 쓰기 | 녹음을 들으며 성조를 표시한 후, 회화를 써보세요.

회화 1 수업 중에

Track20

王老师 这是什么?

Zhe shi shenme?

马克 这是汉语书。

Zhe shi Hanyu shu.

王老师 那是你的手机吗?

Na shi ni de shouji ma?

马克 是，那是我的手机。

Shi, na shi wo de shouji.

다음을 중국어로 말해 보세요. 연습한 횟수만큼 체크해 보세요. 1 2 3 4 5

왕 선생님 이것은 뭐니?

마크 이것은 중국어 책이에요.

왕 선생님 저것은 너의 핸드폰이니?

마크 네, 저것은 제 핸드폰이에요.

회화 2 하굣길에

Track21

小美 她是谁?

Ta shi shei?

大韩 她是老师。

Ta shi laoshi.

小美 她是不是你的老师?

Ta shi bu shi ni de laoshi?

大韩 她不是我的老师。

Ta bu shi wo de laoshi.

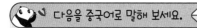

다음을 중국어로 말해 보세요.

연습한 횟수만큼 체크해 보세요. ☆1 ☆2 ☆3 ☆4 ☆5

샤오메이 그녀는 누구니?

대한 그녀는 선생님이야.

샤오메이 그녀는 너의 선생님이니, 아니니?

대한 그녀는 나의 선생님이 아니야.

3 문형 쓰기 | 녹음을 들으며 성조를 표시한 후, 문장을 써보세요.

❶ 这是汉语书。

Zhe shi Hanyu shu.

这是桌子。

Zhe shi zhuozi.

这是手表。

Zhe shi shoubiao.

这是书包。

Zhe shi shubao.

❷ 她(他)不是我的老师。

Ta(Ta) bu shi wo de laoshi.

他不是我的弟弟。

Ta bu shi wo de didi.

她不是我的姐姐。

Ta bu shi wo de jiejie.

她(他)不是我的朋友。

Ta(Ta) bu shi wo de pengyou.

다음을 중국어로 말해 보세요.

연습한 횟수만큼 체크해 보세요. ☆1 ☆2 ☆3 ☆4 ☆5

❶ 이것은 중국어 책입니다.
이것은 탁자입니다.
이것은 손목시계입니다.
이것은 책가방입니다.

❷ 그녀(그)는 나의 선생님이 아닙니다.
그는 나의 남동생이 아닙니다.
그녀는 나의 누나(언니)가 아닙니다.
그녀(그)는 나의 친구가 아닙니다.

你叫什么名字?

당신의 이름은 무엇입니까?

1 단어 쓰기 | 녹음을 들으며 단어를 써보세요.

단어	쓰기
姓 xìng 동 성이 ~이다	姓
叫 jiào 동 ~라고 부르다	叫
名字 míngzi 명 이름	名字
中国人 Zhōngguórén 명 중국인	中国人
韩国人 Hánguórén 명 한국인	韩国人
认识 rènshi 동 알다, 인식하다	认识
高兴 gāoxìng 형 기쁘다, 즐겁다	高兴

2 회화 쓰기 | 녹음을 들으며 성조를 표시한 후, 회화를 써보세요.

회화 1 **이름을 물을 때**

Track24

安娜 你好！ 您贵姓？

Ni hao! Nin guixing?

大韩 我姓李，叫李大韩。

Wo xing Li, jiao Li Dahan.

你叫什么名字？

Ni jiao shenme mingzi?

安娜 我姓怀特，叫安娜怀特。

Wo xing Huaite, jiao Anna huaite.

다음을 중국어로 말해 보세요.

연습한 횟수만큼 체크해 보세요. 1 2 3 4 5

안나 안녕! 너는 성이 어떻게 되니?

대한 나는 이씨고, 이대한이라고 해.

너의 이름은 뭐니?

안나 나는 성이 화이트고, 안나 화이트라고 해.

회화 2 **국적을 물을 때**

Track25

安娜 你是中国人吗?

Ni shi Zhongguoren ma?

大韩 不，我是韩国人。你是哪国人?

Bu, wo shi Hanguoren. Ni shi na guo ren?

安娜 我是美国人。

Wo shi Meiguoren.

大韩 认识你，很高兴。

Renshi ni, hen gaoxing.

다음을 중국어로 말해 보세요.

연습한 횟수만큼 체크 해 보세요. ☆1 ☆2 ☆3 ☆4 ☆5

안나 너는 중국인이니?

대한 아니, 나는 한국인이야. 너는 어느 나라 사람이니?

안나 나는 미국인이야.

대한 너를 알게 되어 기뻐.

3 문형 쓰기 | 녹음을 들으며 성조를 표시한 후, 문장을 써보세요.

Track26

❶ 我姓李。

Wo xing Li.

我姓王。

Wo xing Wang.

我姓张。

Wo xing Zhang.

我姓刘。

Wo xing Liu.

❷ 我是韩国人。

Wo shi Hanguoren.

我是中国人。

Wo shi Zhongguoren.

我是法国人。

Wo shi Faguoren.

我是日本人。

Wo shi Ribenren.

다음을 중국어로 말해 보세요.

연습한 횟수만큼 체크해 보세요. 1 2 3 4 5

❶ 나는 이씨입니다.
나는 왕씨입니다.
나는 장씨입니다.
나는 류씨입니다.

❷ 나는 한국인입니다.
나는 중국인입니다.
나는 프랑스인입니다.
나는 일본인입니다.

你家有几口人?

당신의 가족은 몇 명이에요?

1 단어 쓰기 | 녹음을 들으며 단어를 써보세요.

단어	쓰기
家 jiā 명 집, 가정	家
有 yǒu 동 가지고 있다	有
几 jǐ 대 몇	几
口 kǒu 양 식구	口
岁 suì 양 살, 세	岁
做 zuò 동 하다, 일하다	做
工作 gōngzuò 명 일 동 일하다	工作

2 회화 쓰기 | 녹음을 들으며 성조를 표시한 후, 회화를 써보세요.

회화 1 가족 수 묻기

大韩 你家有几口人?

Ni jia you ji kou ren?

安娜 我家有四口人。

Wo jia you si kou ren.

大韩 都有什么人?

Dou you shenme ren?

安娜 爸爸、妈妈、哥哥和我。

Baba、mama、gege he wo.

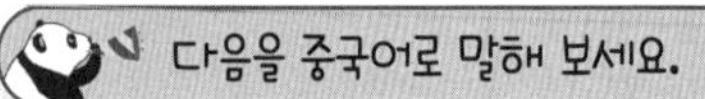

연습한 횟수만큼 체크해 보세요. 1 2 3 4 5

대한 너희 가족은 몇 명이니?

안나 우리 가족은 네 명이야.

대한 모두 어떤 사람들이 있니?

안나 아빠, 엄마, 오빠 그리고 나.

회화 2 나이와 직업 묻기

Track29

大韩 你哥哥多大?

Ni gege duo da?

安娜 他28岁。

Ta ershiba sui.

大韩 他做什么工作?

Ta zuo shenme gongzuo?

安娜 他在电视台工作。

Ta zai dianshitai gongzuo.

다음을 중국어로 말해 보세요.

연습한 횟수만큼 체크 해 보세요. 1 2 3 4 5

대한 너희 오빠는 나이가 어떻게 되니?
안나 그는 28살이야.
대한 그는 무슨 일을 하니?
안나 그는 방송국에서 일해.

3 문형 쓰기 | 녹음을 들으며 성조를 표시한 후, 문장을 써보세요.

Track30

❶ 我家有四口人。

Wo jia you si kou ren.

我家有三口人。

Wo jia you san kou ren.

我家有五口人。

Wo jia you wu kou ren.

我家有六口人。

Wo jia you liu kou ren.

❷ 他在电视台工作。

Ta zai dianshitai gongzuo.

他在公司工作。

Ta zai gongsi gongzuo.

他在医院工作。

Ta zai yiyuan gongzuo.

他在学校工作。

Ta zai xuexiao gongzuo.

다음을 중국어로 말해 보세요.

연습한 횟수만큼 체크해 보세요. ☆1 ☆2 ☆3 ☆4 ☆5

❶ 우리 가족은 네 식구입니다.
우리 가족은 세 식구입니다.
우리 가족은 다섯 식구입니다.
우리 가족은 여섯 식구입니다.

❷ 그는 방송국에서 일합니다.
그는 회사에서 일합니다.
그는 병원에서 일합니다.
그는 학교에서 일합니다.

你每天早上干什么?

당신은 매일 아침 무엇을 하나요?

1 단어 쓰기 | 녹음을 들으며 단어를 써보세요.

단어	쓰기
每天 měi tiān 명 매일	每天
早上 zǎoshang 명 아침	早上
跑步 pǎo bù 동 달리다, 조깅을 하다	跑步
身体 shēntǐ 명 건강, 신체	身体
今天 jīntiān 명 오늘	今天
点 diǎn 명 시	点
下课 xià kè 동 수업이 끝나다, 수업을 마치다	下课

2 회화 쓰기 | 녹음을 들으며 성조를 표시한 후, 회화를 써보세요.

회화 1 **일과 묻기1**

Track32

安娜 你每天早上干什么?

Ni mei tian zaoshang gan shenme?

马克 我每天早上跑步。

Wo mei tian zaoshang pao bu.

安娜 为什么?

Weishenme?

马克 我锻炼身体。

Wo duanlian shenti.

다음을 중국어로 말해 보세요.

연습한 횟수만큼 체크해 보세요. ☆1 ☆2 ☆3 ☆4 ☆5

안나 너는 매일 아침 무엇을 하니?

마크 나는 매일 아침 조깅을 해.

안나 왜?

마크 신체 단련을 하려고.

회화 2 일과 묻기2

Track33

小美 你今天几点下课？

Ni jintian ji dian xia ke?

大韩 我下午两点下课。

Wo xiawu liang dian xia ke.

小美 你明天有课吗？

Ni mingtian you ke ma?

大韩 不，明天没有课。

Bu, mingtian meiyou ke.

다음을 중국어로 말해 보세요.

연습한 횟수만큼 체크✓해 보세요. ☆1 ☆2 ☆3 ☆4 ☆5

샤오메이 너는 오늘 몇 시에 수업이 끝나?
대한 나는 오후 2시에 수업이 끝나.
샤오메이 너는 내일 수업이 있니?
대한 아니, 내일은 수업이 없어.

3 문형 쓰기 | 녹음을 들으며 성조를 표시한 후, 문장을 써보세요.

❶ 你几点下课?

Ni ji dian xia ke?

你几点下班?

Ni ji dian xia ban?

你几点起床?

Ni ji dian qi chuang?

你几点睡觉?

Ni ji dian shui jiao?

❷ 我两点下课。

Wo liang dian xia ke.

我四点三刻下课。

Wo si dian san ke xia ke.

我五点下课。

Wo wu dian xia ke.

我八点半下课。

Wo ba dian ban xia ke.

다음을 중국어로 말해 보세요.

연습한 횟수만큼 체크해 보세요. ☆1 ☆2 ☆3 ☆4 ☆5

❶ 당신은 몇 시에 수업이 끝납니까?
당신은 몇 시에 퇴근합니까?
당신은 몇 시에 일어납니까?
당신은 몇 시에 잡니까?

❷ 나는 2시에 수업이 끝납니다.
나는 4시 45분에 수업이 끝납니다.
나는 5시에 수업이 끝납니다.
나는 8시 반에 수업이 끝납니다.

你的生日是几月几号?

당신의 생일은 몇 월 며칠이에요?

1 단어 쓰기 | 녹음을 들으며 단어를 써보세요.

生日
shēngrì
명 생일

生日

月
yuè
명 월, 달

月

号
hào
명 일, 날짜

号

快乐
kuàilè
형 즐겁다, 행복하다

快乐

给
gěi
개 ~에게

给

贵
guì
형 비싸다

贵

钱
qián
명 돈

钱

2 회화 쓰기 | 녹음을 들으며 성조를 표시한 후, 회화를 써보세요.

회화 1 날짜 묻기

Track36

小美 你的生日是几月几号?

Ni de shengri shi ji yue ji hao?

大韩 四月十四号。你呢?

Si yue shisi hao. Ni ne?

小美 今天就是我的生日。

Jintian jiu shi wo de shengri.

大韩 真的? 祝你生日快乐!

Zhende? Zhu ni shengri kuaile!

다음을 중국어로 말해 보세요. 연습한 횟수만큼 체크해 보세요. 1 2 3 4 5

샤오메이	너의 생일은 몇 월 며칠이니?
대한	4월 14일이야. 너는?
샤오메이	오늘이 바로 내 생일이야.
대한	정말? 생일 축하해!

회화 2 왕푸징 거리에서

Track37

小美 今天我们在哪儿买衣服?

Jintian women zai nar mai yifu?

大韩 去百货商店吧。我给你买衣服。

Qu baihuo shangdian ba. Wo gei ni mai yifu.

小美 真的吗? 那儿的衣服非常贵。

Zhende ma? Nar de yifu feichang gui.

大韩 没关系，我有钱。

Mei guanxi, wo you qian.

다음을 중국어로 말해 보세요.

연습한 횟수만큼 체크 해 보세요. ☆1 ☆2 ☆3 ☆4 ☆5

샤오메이 오늘 우리 어디에서 옷을 살까?
대한 백화점에 가자. 내가 너에게 옷을 사줄게.
샤오메이 정말? 그곳의 옷은 굉장히 비싸.
대한 괜찮아. 난 돈이 있어.

3 문형 쓰기 | 녹음을 들으며 성조를 표시한 후, 문장을 써보세요.

Track38

❶ 我的生日是四月十四号。

Wo de shengri shi si yue shisi hao.

我的生日是一月二号。

Wo de shengri shi yi yue er hao.

我的生日是八月十三号。

Wo de shengri shi ba yue shisan hao.

我的生日是十月二十九号。

Wo de shengri shi shi yue ershijiu hao.

❷ 我给你买衣服。

Wo gei ni mai yifu.

我给女朋友买衣服。

Wo gei nüpengyou mai yifu.

我给女儿买衣服。

Wo gei nü'er mai yifu.

我给爸爸买衣服。

Wo gei baba mai yifu.

다음을 중국어로 말해 보세요.

연습한 횟수만큼 체크해 보세요. ☆1 ☆2 ☆3 ☆4 ☆5

❶ 나의 생일은 4월 14일입니다.
나의 생일은 1월 2일입니다.
나의 생일은 8월 13일입니다.
나의 생일은 10월 29일입니다.

❷ 나는 당신에게 옷을 사줍니다.
나는 여자 친구에게 옷을 사줍니다.
나는 딸에게 옷을 사줍니다.
나는 아빠에게 옷을 사드립니다.

CHAPTER 10

下午去看电影。

오후에 영화 보러 가요.

Track39

1 단어 쓰기 | 녹음을 들으며 단어를 써보세요.

단어	쓰기
星期 xīngqī 명 주(週), 요일	星期
上午 shàngwǔ 명 오전	上午
商店 shāngdiàn 명 상점	商店
东西 dōngxi 명 물건	东西
电影 diànyǐng 명 영화	电影
喂 wéi 감탄 (전화할 때의) 여보세요	喂
现在 xiànzài 명 지금, 현재	现在

2 회화 쓰기 | 녹음을 들으며 성조를 표시한 후, 회화를 써보세요.

회화 1 수업이 끝난 후

大韩 这个星期六你忙吗?

Zhege xingqiliu ni mang ma?

____

安娜 很忙。上午去商店买东西。

Hen mang. Shangwu qu shangdian mai dongxi.

____

大韩 下午做什么?

Xiawu zuo shenme?

____

安娜 下午去看电影。

Xiawu qu kan dianying.

____

다음을 중국어로 말해 보세요.

연습한 횟수만큼 체크해 보세요. ☆1 ☆2 ☆3 ☆4 ☆5

대한 이번 주 토요일에 너는 바쁘니?
안나 바빠. 오전에는 상점에 물건을 사러 가.
대한 오후에는 뭘 하니?
안나 오후에는 영화를 보러 가.

회화 2 강의동 앞에서

Track41

马克 喂，王老师在吗？

Wei, Wang laoshi zai ma?

老师 对不起，她现在不在。

Duibuqi, ta xianzai bu zai.

马克 她什么时候回来？

Ta shenme shihou huilai?

老师 后天下午回来。

Houtian xiawu huilai.

다음을 중국어로 말해 보세요.

연습한 횟수만큼 체크 해 보세요. ☆1 ☆2 ☆3 ☆4 ☆5

마크 여보세요, 왕 선생님 계세요?

선생님 죄송합니다. 지금 안 계세요.

마크 언제 돌아오세요?

선생님 모레 오후에 돌아오세요.

3 문형 쓰기 | 녹음을 들으며 성조를 표시한 후, 문장을 써보세요.

❶ 我去看电影。

Wo qu kan dianying.

我去借书。

Wo qu jie shu.

我去买票。

Wo qu mai piao.

我去买水果。

Wo qu mai shuiguo.

❷ 她什么时候回来?

Ta shenme shihou huilai?

她什么时候去中国?

Ta shenme shihou qu Zhongguo?

她什么时候回国?

Ta shenme shihou hui guo?

她什么时候结婚?

Ta shenme shihou jie hun?

다음을 중국어로 말해 보세요.

연습한 횟수만큼 체크✓해 보세요. ☆1 ☆2 ☆3 ☆4 ☆5

❶ 나는 영화를 보러 갑니다.
나는 책을 빌리러 갑니다.
나는 표를 사러 갑니다.
나는 과일을 사러 갑니다.

❷ 그녀는 언제 돌아옵니까?
그녀는 언제 중국에 갑니까?
그녀는 언제 귀국합니까?
그녀는 언제 결혼합니까?

CHAPTER 11

你吃饭了吗?

당신은 식사했어요?

1 단어 쓰기 | 녹음을 들으며 단어를 써보세요.

饭
fàn
명 밥, 식사

饭

快
kuài
형 빠르다 부 빨리, 어서

快

来
lái
동 오다

来

要
yào
동 원하다, 필요하다

要

汉堡包
hànbǎobāo
명 햄버거

汉堡包

请
qǐng
동 ~하세요, ~해 주십시오

请

等
děng
동 기다리다

等

2 회화 쓰기 | 녹음을 들으며 성조를 표시한 후, 회화를 써보세요.

회화 1 학생 식당에서

Track44

马克 你吃饭了吗?

Ni chi fan le ma?

安娜 吃了。你呢?

Chi le. Ni ne?

马克 我还没吃，饿死了。

Wo hai mei chi, e si le.

安娜 快来吃饭吧。

Kuai lai chi fan ba.

연습한 횟수만큼 체크 해 보세요. ☆1 ☆2 ☆3 ☆4 ☆5

다음을 중국어로 말해 보세요.

마크 너는 밥 먹었어?

안나 먹었어. 너는?

마크 나는 아직 안 먹었어. 배고파 죽겠어.

안나 어서 와서 밥 먹어.

회화 2 패스트푸드점에서

大韩 我们要两个汉堡包。

Women yao liang ge hanbaobao.

服务员 你们喝什么？

Nimen he shenme?

大韩 给我们两杯可乐。

Gei women liang bei kele.

服务员 好，请等一下。

Hao, qing deng yixia.

다음을 중국어로 말해 보세요.

연습한 횟수만큼 체크해 보세요. 1 2 3 4 5

대한 햄버거 두 개 주세요.

종업원 무엇을 마시겠습니까?

대한 콜라 두 잔 주세요.

종업원 네, 잠시만 기다리세요.

3 문형 쓰기 | 녹음을 들으며 성조를 표시한 후, 문장을 써보세요.

Track46

❶ 你吃饭了吗?

Ni chi fan le ma?

你看书了吗?

Ni kan shu le ma?

你喝酒了吗?

Ni he jiu le ma?

你买衣服了吗?

Ni mai yifu le ma?

❷ 我要两个汉堡包。

Wo yao liang ge hanbaobao.

我要两本书。

Wo yao liang ben shu.

我要两瓶啤酒。

Wo yao liang ping pijiu.

我要两件衣服。

Wo yao liang jian yifu.

다음을 중국어로 말해 보세요.

연습한 횟수만큼 체크 해 보세요. ☆1 ☆2 ☆3 ☆4 ☆5

❶ 당신은 밥을 먹었습니까?
당신은 책을 봤습니까?
당신은 술을 마셨습니까?
당신은 옷을 샀습니까?

❷ 저는 햄버거 두 개를 원합니다.
저는 책 두 권을 원합니다.
저는 맥주 두 병을 원합니다.
저는 옷 두 벌을 원합니다.

CHAPTER 12

你会说汉语吗?

당신은 중국어를 말할 줄 아나요?

1 단어 쓰기 | 녹음을 들으며 단어를 써보세요.

단어	쓰기
坐 zuò 동 앉다	坐
茶 chá 명 차	茶
会 huì 조동 ~할 줄 알다, ~할 수 있다	会
说 shuō 동 말하다	说
难 nán 형 어렵다	难
喜欢 xǐhuan 동 좋아하다	喜欢
想 xiǎng 조동 ~하고 싶다	想

2 회화 쓰기 | 녹음을 들으며 성조를 표시한 후, 회화를 써보세요.

회화 1 **교수님 연구실에서**

Track48

大韩 老师早!

Laoshi zao!

王老师 你们好!

Nimen hao!

她是谁?

Ta shi shei?

大韩 这是我的美国朋友，安娜。

Zhe shi wo de Meiguo pengyou, Anna.

다음을 중국어로 말해 보세요.

대한 선생님, 안녕하세요!

왕 선생님 얘들아, 안녕!

그녀는 누구니?

대한 이쪽은 저의 미국 친구인 안나예요.

安娜　您好！ 认识您很高兴。

Nin hao!　Renshi nin hen gaoxing.

王老师　请坐， 请喝茶。

Qing zuo, qing he cha.

你会说汉语吗?

Ni hui shuo Hanyu ma?

安娜　我会一点儿。

Wo hui yidianr.

연습한 횟수만큼 체크해 보세요. 1 2 3 4 5

안나	안녕하세요! 당신을 알게 되어 매우 기뻐요.
왕 선생님	앉아, 차 마시렴.
	너는 중국어를 말할 줄 아니?
안나	저는 조금 할 줄 알아요.

회화 2 **학업에 관해**

Track49

朋友 汉语难不难?

Hanyu nan bu nan?

大韩 听和说不太难，写很难。

Ting he shuo bu tai nan, xie hen nan.

朋友 你的老师怎么样?

Ni de laoshi zenmeyang?

다음을 중국어로 말해 보세요.

친구 중국어는 어렵니, 어렵지 않니?

대한 듣기와 말하기는 그다지 어렵지 않는데, 쓰기는 어려워.

친구 너의 선생님은 어때?

大韩 她很认真，我们班的同学都喜欢她。

Ta hen renzhen, women ban de tongxue dou xihuan ta.

朋友 我也想学汉语。

Wo ye xiang xue Hanyu.

大韩 你也跟我一起学汉语吧。

Ni ye gen wo yiqi xue Hanyu ba.

연습한 횟수만큼 체크 해 보세요. ☆1 ☆2 ☆3 ☆4 ☆5

대한 그녀는 아주 성실하셔. 우리 반 학생들은 모두 그녀를 좋아해.

친구 나도 중국어를 배우고 싶어.

대한 너도 나와 함께 중국어를 배우자.

3 문형 쓰기 | 녹음을 들으며 성조를 표시한 후, 문장을 써보세요.

❶ 你会说汉语吗?

Ni hui shuo Hanyu ma?

你会开车吗?

Ni hui kai che ma?

你会弹钢琴吗?

Ni hui tan gangqin ma?

你会骑自行车吗?

Ni hui qi zixingche ma?

❷ 我也想学汉语。

Wo ye xiang xue Hanyu.

我也想打保龄球。

Wo ye xiang da baolingqiu.

我也想跳舞。

Wo ye xiang tiao wu.

我也想游泳。

Wo ye xiang you yong.

다음을 중국어로 말해 보세요.

연습한 횟수만큼 체크해 보세요. ☆1 ☆2 ☆3 ☆4 ☆5

❶ 당신은 중국어를 말할 줄 압니까?
당신은 운전할 줄 압니까?
당신은 피아노를 칠 줄 압니까?
당신은 자전거를 탈 줄 압니까?

❷ 나도 중국어를 배우고 싶습니다.
나도 볼링을 치고 싶습니다.
나도 춤을 추고 싶습니다.
나도 수영하고 싶습니다.

CHAPTER 13

你在干什么?

당신은 무엇을 하고 있나요?

1 단어 쓰기 | 녹음을 들으며 단어를 써보세요.

단어	따라 쓰기
开车 kāi chē 동 운전하다	开车
附近 fùjìn 명 부근, 근처	附近
天气 tiānqì 명 날씨	天气
玩儿 wánr 동 놀다	玩儿
熊猫 xióngmāo 명 판다	熊猫
骑 qí 동 (동물이나 자전거 등을) 타다	骑
自行车 zìxíngchē 명 자전거	自行车

2 회화 쓰기 | 녹음을 들으며 성조를 표시한 후, 회화를 써보세요.

회화 1 **주말 계획1**

Track52

安娜 你在干什么?

Ni zai gan shenme?

大韩 我在开车。

Wo zai kai che.

安娜 你去哪儿?

Ni qu nar?

大韩 我去老师家。

Wo qu laoshi jia.

다음을 중국어로 말해 보세요.

안나 너는 뭘 하고 있어?
대한 나는 운전하고 있어.
안나 너는 어디에 가니?
대한 나는 선생님 댁에 가.

安娜 你去那儿干什么?

Ni qu nar gan shenme?

大韩 跟她学汉语。

Gen ta xue Hanyu.

安娜 她住在哪儿?

Ta zhuzai nar?

大韩 她住在前门附近。

Ta zhuzai Qianmen fujin.

연습한 횟수만큼 체크해 보세요. ☆1 ☆2 ☆3 ☆4 ☆5

안나 너는 거기에 뭘 하러 가는데?
대한 그녀에게 중국어를 배워.
안나 그녀는 어디에 살아?
대한 그녀는 첸먼 근처에 살아.

회화 2 주말 계획2

大韩 今天天气真好!

Jintian tianqi zhen hao!

小美 我们出去玩儿吧。

Women chuqu wanr ba.

大韩 你想去哪儿?

Ni xiang qu nar?

小美 我想看熊猫。

Wo xiang kan xiongmao.

다음을 중국어로 말해 보세요.

대한 오늘 날씨 정말 좋다!

샤오메이 우리 나가서 놀자.

대한 너는 어디에 가고 싶어?

샤오메이 나는 판다를 보고 싶어.

大韩 那么，我们去北京动物园吧。

Name, women qu Beijing Dongwuyuan ba.

小美 怎么去？

Zenme qu?

大韩 骑自行车去吧。

Qi zixingche qu ba.

小美 好，我很喜欢骑自行车。

Hao, wo hen xihuan qi zixingche.

연습한 횟수만큼 체크 해 보세요. ☆1 ☆2 ☆3 ☆4 ☆5

대한	그럼, 우리 베이징 동물원에 가자.
샤오메이	어떻게 가지?
대한	자전거를 타고 가자.
샤오메이	좋아, 나는 자전거 타는 걸 좋아해.

3 문형 쓰기 | 녹음을 들으며 성조를 표시한 후, 문장을 써보세요.

❶ 我在开车。

Wo zai kai che.

我在做作业。

Wo zai zuo zuoye.

我在休息。

Wo zai xiuxi.

我在洗碗。

Wo zai xi wan.

❷ 我们骑自行车去吧。

Women qi zixingche qu ba.

我们骑摩托车去吧。

Women qi motuoche qu ba.

我们坐出租车去吧。

Women zuo chuzuche qu ba.

我们坐船去吧。

Women zuo chuan qu ba.

연습한 횟수만큼 체크✓해 보세요. ☆1 ☆2 ☆3 ☆4 ☆5

다음을 중국어로 말해 보세요.

❶ 나는 운전하고 있습니다.
나는 숙제를 하고 있습니다.
나는 쉬고 있습니다.
나는 설거지를 하고 있습니다.

❷ 우리 자전거를 타고 갑시다.
우리 오토바이를 타고 갑시다.
우리 택시를 타고 갑시다.
우리 배를 타고 갑시다.

CHAPTER 14 多少钱一斤?

한 근에 얼마예요?

1 단어 쓰기 | 녹음을 들으며 단어를 써보세요.

단어	쓰기
钱包 qiánbāo 명 지갑	钱包
颜色 yánsè 명 색깔	颜色
好看 hǎokàn 형 보기 좋다, 아름답다	好看
苹果 píngguǒ 명 사과	苹果
甜 tián 형 달다	甜
多少 duōshao 대 얼마, 몇	多少
便宜 piányi 형 싸다	便宜

2 회화 쓰기 | 녹음을 들으며 성조를 표시한 후, 회화를 써보세요.

회화 1 **백화점에서**

售货员 欢迎光临！您要什么？

Huanying guanglin! Nin yao shenme?

大韩 我要买一个钱包。

Wo yao mai yi ge qianbao.

售货员 是您要用的吗？

Shi nin yao yong de ma?

大韩 不是，我给女朋友买。

Bu shi, wo gei nüpengyou mai.

다음을 중국어로 말해 보세요.

판매원 어서 오세요! 무엇을 원하세요?
대한 저는 지갑을 하나 사려고 하는데요.
판매원 당신이 사용할 것인가요?
대한 아니요, 여자 친구에게 사주는 거예요.

售货员 她喜欢什么颜色?

Ta xihuan shenme yanse?

大韩 她喜欢红色。

Ta xihuan hongse.

售货员 您看，这个怎么样?

Nin kan, zhege zenmeyang?

大韩 真好看，我就买这个吧。

Zhen haokan, wo jiu mai zhege ba.

연습한 횟수만큼 체크해 보세요. ☆1 ☆2 ☆3 ☆4 ☆5

판매원 그녀는 무슨 색을 좋아하나요?
대한 그녀는 빨간색을 좋아해요.
판매원 보세요, 이것은 어때요?
대한 정말 예쁘네요. 이걸로 살게요.

회화 2 **베이징 동물원에서**

Track57

小美 大韩，你吃苹果吧。

Dahan, ni chi pingguo ba.

大韩 这个苹果真甜!

Zhege pingguo zhen tian!

小美 这是我昨天买的。

Zhe shi wo zuotian mai de.

大韩 在哪儿买的?

Zai nar mai de?

다음을 중국어로 말해 보세요.

샤오메이 대한아, 사과 먹어 봐.
대한 이 사과는 정말 달아!
샤오메이 이것은 내가 어제 산 거야.
대한 어디서 산 거야?

小美　在超市买的。

Zai chaoshi mai de.

大韩　多少钱一斤?

Duoshao qian yi jin?

小美　三块五一斤。

San kuai wu yi jin.

大韩　很便宜。

Hen pianyi.

연습한 횟수만큼 체크✓해 보세요. ☆1 ☆2 ☆3 ☆4 ☆5

샤오메이　마트에서 샀어.
대한　한 근에 얼마야?
샤오메이　한 근에 3.5위안이야.
대한　아주 싸네.

3 문형 쓰기 | 녹음을 들으며 성조를 표시한 후, 문장을 써보세요.

❶ 我要买一个钱包。

Wo yao mai yi ge qianbao.

我要买一双鞋。

Wo yao mai yi shuang xie.

我要买两个本子。

Wo yao mai liang ge benzi.

我要买三个娃娃。

Wo yao mai san ge wawa.

❷ 苹果多少钱一斤?

Pingguo duoshao qian yi jin?

香蕉多少钱一斤?

Xiangjiao duoshao qian yi jin?

橘子多少钱一斤?

Juzi duoshao qian yi jin?

草莓多少钱一斤?

Caomei duoshao qian yi jin?

다음을 중국어로 말해 보세요.

연습한 횟수만큼 체크✓해 보세요. ☆1 ☆2 ☆3 ☆4 ☆5

❶ 나는 지갑 하나를 사려고 합니다.
나는 신발 한 켤레를 사려고 합니다.
나는 노트 두 권을 사려고 합니다.
나는 인형 세 개를 사려고 합니다.

❷ 사과는 한 근에 얼마예요?
바나나는 한 근에 얼마예요?
귤은 한 근에 얼마예요?
딸기는 한 근에 얼마예요?